劳动教育
理论与实践

范 恒 李存兰 主 编
苏 锐 唐士通 李和民 副主编

清华大学出版社
北京

内 容 简 介

本书紧扣新时代劳动教育理论主题，从实用性出发，采用理论和实践相结合的方法，讲授一些常见劳动知识与技能，引导学生树立正确的新时代劳动观。

全书共八个项目，内容主要包括劳动教育课程概览，劳动教育的来龙去脉，新时代劳动教育的使命与价值观，常见家务劳动，校园劳动课程，职业技能体验，家庭、社区、志愿者，社会实践和勤工助学。每章末尾均设有实践活动，旨在全面培养与提升大学生的劳动观和动手能力。

本书既可以作为大中专院校劳动教育课程的教材，也可以作为劳动教育相关工作人员的参考用书。

本书封面贴有清华大学出版社防伪标签，无标签者不得销售。
版权所有，侵权必究。举报：010-62782989，beiqinquan@tup.tsinghua.edu.cn。

图书在版编目（CIP）数据

劳动教育理论与实践 / 范恒，李存兰主编 . — 北京：清华大学出版社，2023.9（2025.9重印）
ISBN 978-7-302-64546-7

Ⅰ.①劳⋯ Ⅱ.①范⋯ ②李⋯ Ⅲ.①劳动教育-中等专业学校-教材 Ⅳ.①G40-015

中国国家版本馆 CIP 数据核字（2023）第 167114 号

责任编辑：	张　弛
封面设计：	刘　键
责任校对：	刘　静
责任印制：	杨　艳

出版发行：清华大学出版社
网　　址：https://www.tup.com.cn, https://www.wqxuetang.com
地　　址：北京清华大学学研大厦 A 座　　邮　编：100084
社 总 机：010-83470000　　邮　购：010-62786544
投稿与读者服务：010-62776969, c-service@tup.tsinghua.edu.cn
质量反馈：010-62772015, zhiliang@tup.tsinghua.edu.cn
课件下载：https://www.tup.com.cn, 010-83470410
印 装 者：三河市龙大印装有限公司
经　　销：全国新华书店
开　　本：185mm×260mm　　印　张：12　　字　数：211 千字
版　　次：2023 年 9 月第 1 版　　印　次：2025 年 9 月第 5 次印刷
定　　价：56.00 元

产品编号：100030-01

前言
PREFACE

习近平总书记始终心系全国广大劳动者，深刻阐释劳动的价值和劳动者的作用。党的二十大报告进一步突出科教兴国战略、人才强国战略、创新驱动发展战略的地位，首次对教育、科技、人才进行"三位一体"统筹安排，作出了"全面贯彻党的教育方针，落实立德树人根本任务，培养德智体美劳全面发展的社会主义建设者和接班人，加快建设高质量教育体系，发展素质教育，促进教育公平"的战略部署，劳动教育第一次被写入党代会报告，再次彰显其在"全面培养人、培养全面的人"中的重要地位。习近平总书记在全国教育大会上指出，培养什么人，是教育的首要问题。"有用人才""时代新人"的一个重要特征，就是具备劳动的素质，能够弘扬劳动精神、崇尚劳动、懂得劳动最光荣，能够辛勤劳动、诚实劳动、创造性劳动。在新时代背景下，加强学生的劳动教育，努力提高学生的劳动素质，对学生的成长和国家的发展意义深远。

为构建德智体美劳全面培养的教育体系，中共中央、国务院于2020年3月20日发布了《关于全面加强新时代大中小学劳动教育的意见》（以下简称《意见》）。《意见》指出，劳动教育是中国特色社会主义教育制度的重要内容，直接决定社会主义建设者和接班人的劳动精神面貌、劳动价值取向和劳动技能水平。近年来，一些青少年中出现了不珍惜劳动成果、不想劳动、不会劳动的现象，劳动的独特育人价值在一定程度上被忽视，劳动教育正被淡化、弱化。对此，全党全社会必须高度重视。

《意见》要求，要以习近平新时代中国特色社会主义思想为指导，全面贯彻党的教育方针，把劳动教育纳入人才培养全过程，贯通大中小学各学段，贯穿家庭、学校、社会各方面，与德育、智育、体育、美育相融合，实现知行合一，促进学生形成正确的世界观、人生观、价值观。

《意见》提出，要全面构建体现时代特征的劳动教育体系，把握劳动教育的基本内涵，明确劳动教育的总体目标，牢固树立劳动最光荣、劳动最崇高、劳动最伟大、劳动最美丽的观念。要设置劳动教育课程，在大、中、小学设立劳动教育必修课程。要确定劳动教育内容要求，针对不同学段、类型学生特点，以日常生活劳动、生产劳动和服务性劳动为主要内容开展劳动教育。健全劳动素养评价制度，把劳动素养评价结果作为衡量学生全面发展情况的重要内容，作为评优评先的重要参考和毕业依据，作为高一级学校录取的重要参考或依据。要广泛开展劳动教育实践活动，家庭要发挥在劳动教育中的基础作用，学校要发挥在劳动教育中的主导作用，社会要发挥在劳动教育中的支持作用。鼓励高新企业为学生体验现代科技条件下劳动实践新形态、新方式提供支持。支持学生深入城乡社区、福利院和公共场所等参加志愿服务，开展公益劳动，参与社区治理。要着力提升劳动教育支撑保障能力，多渠道拓展实践场所，多举措加强人才队伍建设，健全经费投入机制，多方面强化安全保障。

新时代劳动教育是在校生必修的一门公共课。本书迎合了新时代下国家与社会之发展、学生个人之成长的需要，兼顾了知识系统性与教学趣味性，穿插了大量的真实案例和趣味插图，帮助学生在掌握课程知识之余，引导学生建立正确的劳动观念、形成正确的劳动习惯，激发学生的劳动热情。

本书由曲靖职业技术学院的范恒和李存兰担任主编并负责制定全书框架和编写体例。范恒、李存兰负责项目一的编写；苏锐、黄尧负责项目二的编写；李存兰、马丽负责项目三的编写；唐士通、马冉负责项目四的编写；苏锐、崔倩负责项目五的编写；缪应凯、李和民负责项目六的编写；范恒、李和民负责项目七的编写；唐士通、龚五一负责项目八的编写；此外，范恒、李存兰、李和民负责全书的统稿。

本书涵盖了劳动教育发展历程、新时代劳动教育、劳动价值观等理念，以及家务劳动、垃圾分类、职业技能等技能素养内容模块。为增添学习的趣味性，每个项目都引入了与主题相关的案例，然后深入探讨每个项目主题，同时穿插知识链接、探索与分享、Get 小技能、拓展阅读等互动模块，以促进学生更好地理解和吸收所学知识。每项目末尾都设置了实践活动板块，旨在帮助学生将所学知识应用于实际，深化理解并进行发散性思考。同时，本书还是云南省2022年课程思政教改项目——"面向先进制造基地的'劳育+'课程思政模式探索"研究成果之一。

本书的编写贴近生活、贴近实际、贴近专业所需，但由于编者水平有限，书中难免存在疏漏，恳请广大师生在使用后提出宝贵的意见和建议，以便我们及时做出修订。

编　者
2023 年 4 月

目 录
CONTENTS

项目一　劳动教育课程概览 / 001
　　任务一　为什么要进行劳动教育 / 002
　　任务二　劳动教育课程如何开展 / 006

项目二　劳动教育的来龙去脉 / 010
　　任务一　中国传统文化与劳动教育学习 / 011
　　任务二　学习新中国劳动教育发展历程 / 016

项目三　新时代劳动教育的使命与价值观 / 025
　　任务一　新时代劳动教育的使命 / 026
　　任务二　新时代劳动教育的价值观 / 031
　　任务三　劳动实践"四部曲" / 036

项目四　见微知著：扣紧家务劳动的扣子 / 043
　　任务一　衣之有形 / 044
　　任务二　食之有味 / 063
　　任务三　起居有序 / 077
　　任务四　家政娴熟 / 086

项目五　激流勇进：上好校园劳动这堂课 / 102
　　任务一　做绿化环保践行者 / 103

任务二　做垃圾分类倡导者 / 108
　　任务三　做寝室美化时尚者 / 117
　　任务四　做公共区域环境维护者 / 122

项目六　身临其境：充实职业体验技能包 / 127
　　任务一　懂农业，学农民，识农村 / 129
　　任务二　知工业，学工人，通技艺 / 134
　　任务三　传衣钵，学榜样，当匠人 / 139

项目七　高歌猛进：家庭、社区、志愿者 / 148
　　任务一　融合家庭服务与护理 / 149
　　任务二　融合民政社会工作 / 151
　　任务三　志愿者服务技能 / 153

项目八　积极参加社会实践与勤工助学 / 158
　　任务一　把握实习机会 / 159
　　任务二　做好学生兼职 / 167
　　任务三　参加勤工助学 / 171

参考文献 / 185

项目一
劳动教育课程概览

素质目标
（1）懂得劳动的伟大意义。
（2）认识接受劳动教育的重要性和必要性。

知识目标
（1）了解劳动教育课程的实质与内涵。
（2）了解劳动教育的意义，明确劳动教育的目标。

技能目标
（1）了解劳动教育的课程结构、实施手段和评价方法。
（2）对劳动教育相关课程有自己的理解。

项目简介
劳动是人类创造物质财富和精神财富的活动。我们要实现中国梦，实现中华民族伟大复兴，就必须把"劳动"置于最重要的地位，重视劳动，尊重劳动，尊重劳动者，懂得劳动的伟大意义。

案例导入

劳动教育，有必要吗

情景一：小朱是某校的一名学生，听到学校要开展劳动教育时，发表了自己的看法："当今社会，科学技术已经越来越发达，许多传统意义上的劳动都可以被科技产品所替代，所以我认为没必要把太多时间浪费在学习那些生活技能上，每个人都应该做自己擅长的并且能为社会做出贡献的事。"

情景二：小包参加了学校组织的学农活动，度过了一段与田野大地、农业劳作亲密接触的时光，回校后写的作文还获得了高分。"虽然累，但是很开心，比农家乐更有意思。"小包回到家后对父亲说。当被问到对学农、职业体验活动等一系列

笔记：

笔记：

> 劳动教育的深层次的感受时，小包一脸严肃地讲道："体力劳动实在是太辛苦了，所以我得用功学习，好好上学、选好专业，争取成为高端人才。"
>
> **想一想：**
> （1）你赞同小朱和小包的看法吗？为什么？
> （2）劳动教育有何意义？请结合自身的经历或见闻谈谈你对劳动教育的看法。

工作任务

任务一　为什么要进行劳动教育[1]

劳动教育是新时代全社会对教育所提出的新的要求，也是完善中国特色社会主义教育制度的重要手段。它具有鲜明的社会性和时代性，它要求学生在学校、家庭、社会生活中，尝试以动手实践为主要方式，学会用实践改造世界，同时在改造世界的过程中不断完善自己，德智体美劳全面发展，提高自身的综合素质[2]。

一、劳动教育的意义

劳动教育作为联通教育世界与生活世界、职业世界、新兴创客世界等的重要环节，是素质教育的重要内容，是促进学生德、智、体、美、劳全面发展的重要手段，学校开展系列化劳动教育意义重大。

（一）劳动教育是实现中国梦的强大助推力量

劳动开创未来，奋斗实现梦想。"以劳动托起中国梦"，实现中华民族的伟大复兴，建成社会主义强国根本上要靠劳动者的辛勤劳动，创造性改变世界。在校生对劳动的认知、对待劳动的态度以及劳动习惯、劳动技能的培养，一定程度上决定着国家和民族的未来。

"空谈误国，实干兴邦。"通过劳动教育，培育新时代学生的劳动情怀和劳动技能，激励广大青年学生不懈接力奋斗，是实现中华民族伟大复兴的中国梦的有效途径。

（二）劳动教育是学校立德树人的重要文化载体

"立德树人"是当代教育一种先进的理念，它旨在培养一批德才兼备、全面发展的人才。那么，学校应如何培养德才兼备、全面发展的人才，才能适应当前社会经济的高速发展对人才的需求呢？发展经验和实践证明：在学校进行劳动教育是培养全面发展人才的必要条件，也是基本途径和有效途径。

劳动教育不仅教会学生劳动知识，其更重要的意义在于通过经典案例等帮助学生树立正确的劳动观，使学生能保持正确的思想认知，培养其以正确的眼光看待不同的劳动者。同时，劳动教育能培养学生的劳动技能和正确的劳动观，使其养成良好的劳动习惯，热爱劳动。劳动教育不应该只停留在使学生掌握基础劳动技能，更应该以塑造学生品格、完善学生道德、培养学生价值观念为目标，它既是"立德"的重要内容，也是"立德"的重要途径。

因此，在学校开展劳动教育是实现学生全面发展的必要条件，缺乏劳动教育的素质教育是不全面的素质教育，只有以劳动教育为载体，素质教育的开展才能达到预期目标[2]。

拓展阅读

教育的根本任务——立德树人

立德树人是学校的立身之本，是对人才培养的根本要求。

"立德"就是确立培养崇高的思想品德，"树人"即培养高素质的人才。纵观世界高等教育史，学校的功能随着时代的发展变化而逐步拓展，但培养具有崇高道德水准和高素质的人才这一基本功能、中心任务始终没有变。

立德树人是衡量一所学校办学水平的根本标准。

一所学校办得好不好，不是看它的物质条件何等优越、办学规模如何庞大，最根本的标准是看它培养出了什么样的人才，看它对所在国家、民族以及对全人类所做的贡献。中国现代史上有不少学校，办学条件非常简陋，却因其在人才培养方面的贡献而载入史册。

当前，学校要肩负起"双一流"建设的历史使命，就必须在"立德树人"上做大文章，真正既"立德"，又"树人"，实现"立德"与"树人"的统一。

立德树人是中国高等教育改革发展的本质要求。

（资料来源：2012年11月8日中国共产党第十八次代表大会.）

当今时代，各种思想交相融合和冲突，青少年学生的成长环境发生了深刻变化，面临着复杂环境的挑战；同时，在一些高校仍存在着"重智育、轻德育""重理论教育、轻实践教育"等问题。立德

笔记：

树人就是针对学生面临的这些问题，聚焦社会家庭和学校，关照学生、服务学生，引导他们树立正确的世界观、人生观和价值观，认识社会发展大趋势，正确认识新的时代责任和历史使命，正确认识实现远大抱负需要脚踏实地，全面提高学生思想政治素质，为中国特色社会主义的伟大事业培养一批德才兼备、全面发展的新时代劳动者和社会主义合格的接班人。

（三）劳动教育是学生成长成才的需要

加强学生劳动教育，通过教师课堂教学、学生自身学习、实践活动等教育环节使学生体验付出劳动的过程和收获结果的过程，将学生打造成为未来的有用之才。劳动教育有利于学生在体验劳动的艰辛、挥洒汗水的过程中养成强大的心理素质，在艰苦奋斗、顽强拼搏中磨炼坚强的意志，从而获得终身受益的宝贵精神财富；劳动教育有利于学生形成迎难而上、积极乐观的就业创业观，在国家社会需求与个人价值实现、专业学习与岗位匹配等方面找到平衡，形成自主多元的积极就业创业观，提升创业创新意识和能力。

总之，劳动教育的开展，正确劳动观的培养是学校德育的重要内容，劳动技能的培育是学校智育的重要内容；将劳动教育与德、智、体、美教育并列，既是对劳动教育功能的有效加强，也是对德、智、体、美教育功能的有力支撑。

（四）劳动教育是培养合格的社会主义建设者和接班人的要求

关于教育与生产劳动之间的关系，著名的德国思想家马克思早就有过精辟的论述："教育必须与生产劳动相结合是造就全面发展的人的唯一方法。"也就是说，要促进学生的德智体美劳全面发展，就得开展必要的劳动教育。开展必要的劳动教育是中国特色社会主义教育体系建设的重要环节，是中国特色社会主义教育制度的重要内容，是促进学生健康成长的重要途径，将直接决定社会主义建设者和接班人的精神面貌、价值取向和劳动技能水平。

习近平总书记在全国教育大会上指出，培养什么样的人，是教育的首要问题，我们要培养德智体美劳全面发展的社会主义建设者和接班人，要培养一大批拥护中国共产党领导和中国特色社会主义制度、立志为实现中华民族伟大复兴奋斗终身的高质量人才。

"高质量人才""时代新人"的一个重要特征就是具备正确的劳动观，懂得劳动内涵、热爱劳动，具备社会责任感，能够弘扬劳动精神，能够积极参与劳动，能做到辛勤劳动，能进行创造性劳动，能树立起"先天下之忧而忧，后天下之乐而乐"的大局观，能够拥有舍我其谁的社会责任感和劳动创造幸福的担当精神。

探究与分享

"五育"并举是指以促进学生全面发展为目的，教育学生手脑并用、心手相生。劳动教育更是如此，不仅仅是期望学生能掌握一定的劳动技，更为重要的目的是，通过劳动教育让学生形成良好的劳动观，让学生体验取得劳动成果时的获得感、愉悦感，体验到劳动的价值和必要性，让学生切实感受到劳动不仅能获得物质的满足，还能有精神上的收获，劳动能获得幸福，能够让身心获得全面发展。

你认同上述观点吗？请结合自己的体验或见闻谈谈理想的劳动教育应达到的目的。

二、劳动教育的目标

为构建德智体美劳全面培养的教育体系，2020年3月《中共中央、国务院关于全面加强新时代大中小学劳动教育的意见》（以下简称《意见》）出台。

针对一些青少年群体表现出的不珍惜劳动成果、不想进行劳动实践、不会劳动的现象，《意见》从青少年思想认识、情感态度、能力习惯三个方面提出了劳动教育的目标，突出强调劳动教育的思想性。

《意见》对劳动教育的目标的描述为："通过劳动教育使学生能够树立学生正确劳动观理解和形成马克思主义劳动观，牢固树立劳动最光荣、劳动最崇高、劳动最伟大、劳动最美丽的观念；体会劳动创造美好生活，体会劳动不分贵贱；热爱劳动，尊重普通劳动者，培养勤俭、奋斗、创新、奉献的劳动精神；具备满足生存发展需要的基本劳动能力，形成良好劳动习惯。"[3]

拓展阅读

让劳动教育不再"大水漫灌"

劳动是一个宏大的体系，劳动教育更是包罗万象。对各类在校生开展劳动教育，既不能用力过猛导致过犹不及，也不能缺乏针对性的"大水漫灌"；在课程设置上必须兼顾科学性和合理性，让各类学生群体树立明确的价值取向，品尝到劳动果实的芬芳。因此，此次出台的《意见》明确提出，各地要根据教育目标，针对不同学段、类型学生特点，以日常生活劳动、生产劳动和服务性劳动为主要内容开展劳动教育。

> 《意见》设置的劳动教育任务属于"梯度目标"，指向性和针对性很强，也便于课程设置和实践操作。例如，小学要注重围绕劳动意识的启蒙，注重围绕卫生、劳动习惯的养成；初中要注重围绕增加劳动知识、技能，加强家政学习，开展社区服务；普通高中要注重围绕丰富职业体验，开展服务性劳动、参加生产劳动，使学生熟练掌握一定劳动技能；高等学校要注重围绕创新创业，结合学科和专业积极开展实习实训、专业服务、社会实践、勤工助学等[3]。

根据学生的年龄阶段与心理特征，按照学生的生活环境与思想认知特点，有的放矢地设立"阶段性目标"，可以让各地教育部门在进行劳动教育课程设置时做到有章可循，有针对性地设置富有地方特色的劳动教育课程；可以确保劳动教育课程循序渐进地开展，让学生的劳动技能得到逐步提升；可以确保教育符合学生身心发展的客观规律，更有利于广大家长对学生开展家庭教育、劳动教育。

劳动教育是一种知识教育、技能教育、生活教育、情感教育，学生在劳动中会获得一些生活体验、技能提升和情感体验，能从劳动中获得生活的乐趣。劳动教育的目的不仅仅是教会学生劳动技能，更是为了让学生养成一种良好的习惯，形成一种积极的生活态度与方式，使学生能够适应今后生活的需要和生存的需要，能够更好地实现人生的价值。

任务二　劳动教育课程如何开展

新时代加强劳动教育必须强调以习近平新时代中国特色社会主义思想为指导。要扎实推进劳动教育，就必须把劳动教育纳入学校课程体系，加强劳动课程建设，开展多样化劳动教育实践活动。

一、劳动教育的课程结构

落实劳动教育需要依托系统的课程建设，必须有科学的课程体系做保证。在劳动课程的设置上，《意见》突出强调"整体优化学校课程设置"，构建劳动教育课程体系，大中小学设立必修课程和劳动周，同时强调其他课程有机融入劳动教育内容和要求。

《意见》明确指出，根据教育目标和不同年级、不同类型学生的特点，开展以日常生活劳动、生产劳动和服务劳动为主要内容的劳动教育；结合新产业形态、新劳动形态，注重新型服务劳动的选择。

人才培养与学校向社会输送的人才水平和质量有关；它是教育的起点和归宿，也是高等教育的核心功能之一。我国高校重视培养学生的家国情怀和社会责任感，注重学生专业知识教育、创新精神和实践能力培育、道德品质养成、国际视野拓展，重视培养实用型、高素质、综合型人才。

针对高校的人才培养目标，制定了高校劳动教育课程结构，如图1-1所示。

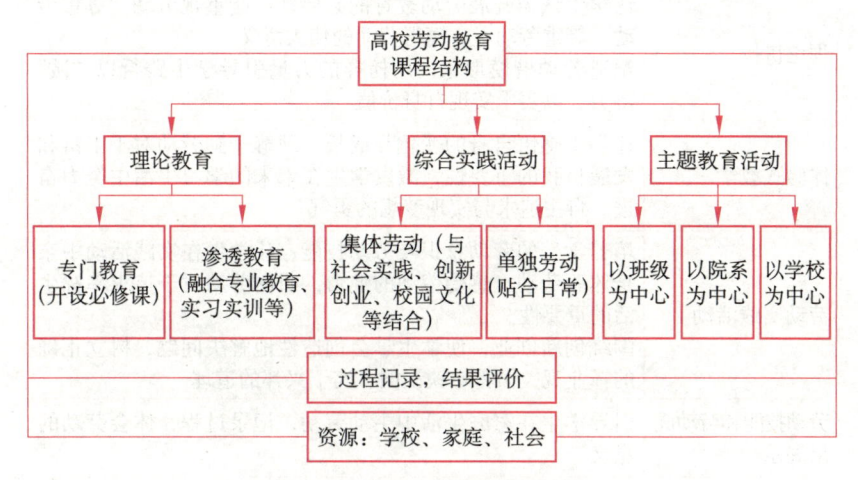

图1-1 高校劳动教育课程结构

（资料来源：陈永清，郑芳.高校劳动教育课程体系建构探索[J].福建商学院学报，2020，(5):5.）

探究与分享

你喜欢劳动吗？平时在生活中劳动的机会多吗？你希望在劳动教育中"邂逅"什么样的劳动形式？

二、劳动教育的实施手段

随着时代变迁，学生成长的环境与上一辈人相比发生了翻天覆地的变化；现在衣食无忧，逐渐地有些人不知稼穑之艰。现在的学生在某些方面的眼界更为开阔，自我意识也前所未有地强烈，如果还老调重弹地简单进行传统意义上的劳动教育，如日常教学中简单的教学任务、单纯的体力教育、枯燥的技艺学习等，与脑力劳动、日常学习无关，就无法激发学生的兴趣，无法调动他们参与劳动的积极性。

如果劳动教育继续使用传统的体力劳动，简单地只让学生经历艰苦和汗水，那么他们显然很难深刻理解劳动的意义。如今，劳动的功能已经逐渐转向实现个人自我价值和获得价值感和存在意义。

从这个角度来看，对于学生来说，劳动的完成可能不会超过他们在学习过程中获得的价值感和存在感。因此，为了实现全员劳动教育的目标，开展创造性劳动势在必行。

本书采用的劳动教育实施手段及其要点如表1-1所示。

表1-1　劳动教育的实施手段及其要点

实施手段	要　点
理论讲授	让学生认识开展劳动教育的必要性，能重视劳动、尊重劳动、尊重劳动者、懂得劳动的伟大意义。 塑造劳动楷模形象，用榜样的力量引导学生践行以"诚"待劳、以实干实现自身价值
体验式教学	让学生感悟自身的变化与成长，理解辛勤劳动对于丰富和发展自我的重要性，激发学生在未来的学习生活中努力奋进、自主追求与实现梦想的勇气
劳动实践活动	培养学生的劳动意识与劳动技能，让学生在实践活动中亲身体验劳动，感受劳动的魅力，明白劳动对于追求幸福生活的重要性。 围绕创新创业，使学生学会创造性地解决问题，树立正确的择业观，懂得空谈误国、实干兴邦的道理
劳动技能和劳动成果展示	引导学生在家庭生活中主动劳动，记录过程，体会劳动的意义
劳动竞赛	利用各种竞赛形式激发学生参与劳动的积极性
演讲（或作文）	引导学生结合社会热点思考劳动对于社会发展的意义，认识自己作为社会一员的义务与使命，从更深层意义上提高自身的劳动素质

三、劳动教育的评价方法

《意见》强调：将劳动质量评价结果作为衡量学生全面发展的重要内容，作为评优的重要参考和毕业依据，作为升学的重要参考或依据。

作为升学参考或依据，也就涉及进行劳动素养评价的问题。本书主要采用综合评价和间断性问卷调查两种方法来监测与评价劳动教育的效果，具体如表1-2所示。

表1-2　劳动教育的评价方法

评价方法	评价要点	作　用
综合评价	生活表现	客观评价劳动教育的成果
	课堂参与度	
	实践活动参与度（学生自我服务、家务劳动和社会公益劳动）	
	劳动素养（创造性、领导力、合作力等）	

续表

评价方法	评价要点	作用
间断性问卷调查	劳动安全意识	评价劳动教育的成果，改善劳动教育的手段
	劳动态度（使命感、奉献精神等）	
	对教学手段的喜好程度	
	对教学手段的建议	

● **实践活动**

我为"劳动教育课程开展"献计献策

作为新时代的一名学生，你对"劳动教育课程的开展"有何建议？请认真阅读《中共中央、国务院关于全面加强新时代大中小学劳动教育的意见》，利用互联网进行调研，写一份调研报告（不少于800字）。

1. 过程记录

调研的难点：＿＿＿＿＿＿＿＿＿＿＿＿＿＿＿＿＿＿＿

调研的关键点：＿＿＿＿＿＿＿＿＿＿＿＿＿＿＿＿＿

我的写作思路：＿＿＿＿＿＿＿＿＿＿＿＿＿＿＿＿＿

我的观点：＿＿＿＿＿＿＿＿＿＿＿＿＿＿＿＿＿＿＿

2. 结果评价

教师可参考表1-3对学生的调研报告进行评价。

表1-3 调研报告评价表

评价标准	评价细则	分值	分数小计	教师评价
报告完整	顺利完成并上交完整的调研报告	20分		
注重事实	用事实材料阐明观点	15分		
	引出符合客观实际的结论	15分		
论理性	有叙有议，叙议结合	15分		
	逻辑清晰，观点鲜明	15分		
语言简洁	语言流畅，不拖泥带水	10分		
	善用比喻，可读性强	10分		

笔记：

笔记：

项目二
劳动教育的来龙去脉

素质目标
（1）在校园生活中成为劳动教育的传播者。
（2）对劳动教育的意义形成自己独到的见解。

知识目标
（1）了解中国传统文化中关于劳动教育的论述。
（2）了解新中国劳动教育的四个发展历程。

技能目标
对中国劳动教育的发展历程有大概的认知。

项目简介
教育的根本目标是培养德智体美劳全面发展的社会主义建设者和接班人。要把劳动教育纳入培养社会主义建设者和接班人的教育目标中，在学校教育中弘扬劳动精神；教育并引导学生崇尚劳动、尊重各种类型的劳动，理解劳动是最光荣、最崇高、最伟大的，使学生在步入社会以后能够勤劳、诚实、创造性地工作。

案例导入

劳动教育缺失让现代孩子变懒人

学生不会剥鸡蛋、不会洗衣服……北京某学校一名老师告诉记者，有一次新生开学，别的新生都在忙上忙下整理铺盖，一名女生却在那里哭，老师问她怎么了，她说自己不会挂蚊帐……近年来，这样的新闻不断出现，原先被家长看作"小事一桩"的家庭劳动意识教育问题越来越凸显。有专家指出，之所以会形成现在这种状况，与目前家长对家庭劳动意识教育存在认识上的误区关系很大。

（资料来源：甘冰.劳动教育缺失让现代孩子变懒人？[N].中国青年报，2006-08-07.）

想一想：

（1）劳动教育对于学生个人而言有什么意义？对于社会乃至国家呢？

（2）学生的劳动教育课程应以实践为主还是理论学习为主？

工作任务

任务一　中国传统文化与劳动教育学习

中华民族以勤劳著称，许多传统文化都强调了劳动的重要性。在中华优秀传统文化的思想宝库中，有许多重视劳动的思想和传统文化。《尚书》中有"民不畏死，奈何以死惧之？夫唯恐不施于政，是以死也。"的论述，强调了劳动对于国家和社会的重要性。《礼记》中有"劳民者治，休民者乱"的论述，强调了劳动对于社会秩序和稳定的重要性。《论语》中有"巧言令色，鲜矣仁！"的论述，强调了劳动和实践的重要性，认为真正的仁者应该注重实际行动和工作。《孟子》中有"天下之事，不难于立法，而难于法之必行也"，强调了劳动和实践的重要性，认为光有法律和规定是不够的，必须要有实际行动和执行。

我国是农业大国，五千多年灿烂的文明是中华民族辛勤劳动的有力见证和历史积淀。不忘过去才能开拓未来，善于传承才能更好创新。要加强劳动教育，既要立足新时代社会发展的具体实际，也要依据并扎根于中华优秀传统文化。

一、中国传统文化肯定劳动的价值

（一）劳动使人之所以为人

劳动是人之所以为人的基础，是人类作为人的重要属性和存在方式。它不仅赋予了人类生存的能力和独立的自主性，也为人们带来成就感和自我实现的机会。劳动连接个人与社会，可以塑造个人品质，创造个人价值并推动社会的发展。孟子就曾提出了"天下之物劳于有始者而已矣"的观点，强调劳动是万事万物存在的起点。他认为，劳动不仅是生存的必需，也是实现自己价值和贡献社会的途径。荀子也曾说过："君子务本，本立而道生。所以务本者，本身自劳，劳而民劝。"意思是通过劳动，君子能够修养自身，以身作则，激励百姓。

劳动赋予了人类以创造力、实践能力和发展潜力，当人们投身于劳动时，他们面对各种问题和挑战，需要多方思考、寻找解决方案。劳动促使人们思考、创新和发现解决问题的新方法，从而培养和提升他们的创造力。通过劳动，人们能够将想象力转化为现实，创造出物质财富、科技成果和文化创作。

同时，劳动塑造了人们的道德品质和社会责任感。在劳动过程中，人们需要遵循规则和道德准则，尊重他人的权益和劳动成果。劳动教育人们勤奋、诚实、负责任，培养了他们的自律和自尊。

最重要的是，通过劳动，人们实现了自我价值和自我实现。每个人都有自己的梦想和追求，劳动为他们提供了实现梦想的机会。通过不断努力和劳动，人们能够实现个人目标和抱负，并取得成就感和满足感。

（二）劳动是生存之本

劳动是解决民生的重中之重，是人类生存之本。墨子曾教育弟子说，"故圣人作海，男耕稼树艺，以为民食"，"食者国之宝也"，"民无食则不可事，故食不可不务也"。民以食为天，而粮食必须通过劳动获得，解决民生问题的关键在于劳动。出身布衣的墨子面对穷苦的劳动大众，深入剖析农民阶级的特点，明确提出民有三患："饥者不得食，寒者不得衣，劳者不得息"。在他的观点里，要让更多的人参与劳动，通过劳动创造价值，才能解决人们日益增长的物质需求。

明代学者吕坤认为："一年不务农桑，一年忍饥受冻。"意思是一年不勤劳务农，当年就会缺衣少食。明末清初学者张履祥提出："愚谓治生以稼穑为先，舍稼穑无可为治生者。"这句话强调了生产劳动对生活运转的重要性，耕种和收获是生存之本，是幸福生活的基础。清代政治家曾国藩也十分重视劳动，他曾提出："卫身莫大于谋食。农工商，劳力以求食者也；士劳心以求食者也。"他在给儿子曾纪鸿的信中也说道："勤俭自持，习劳习苦，可以处乐，可以处约，此君子也。"他教育儿子将劳动视作日常生活的一部分，在劳动中获得人生快乐，成就君子人格[4]。

> **拓展阅读**
>
> 时代楷模——时传祥
>
> 1915年，时传祥出生在山东省齐河县赵官镇大胡村的一个贫苦农民家庭。他在14岁时逃荒流落到北京宣武门附近的一家私人粪场，当了淘粪工，一干就是20年。中华人民共和国成立后北京

市人民政府成立粪污管理所，接管旧北平一直被粪霸把持的卫生清洁队，34岁的时传祥从旧社会受尽压迫的"小力巴""屎壳郎"，变成了社会主义建设事业的主人翁，并被工友们推选为北京市前门区粪业工会委员，担任工会组长。其实这时，他在山东老家也分到了田产、房屋，想到家人也曾萌生回乡的念头。但他最后还是留在北京，满怀热情、任劳任怨地投入首都的环卫工作。

时传祥身背粪桶，口哼小调，走千家、串万户；给各家掏茅厕，总是里里外外打扫得干干净净。他总是避开户主吃饭、会客和休息日等团聚的时间，在合适的时候入户清掏。花市下四条胡同耿大爷家的厕所墙头倒塌，砖块掉进厕所，脏臭无比；时传祥二话没说，卷起袖子，把砖一块块捞出来，再用水冲干净，把墙头垒好。清洁班的同事说："时班长，跟你在一起工作，我们才懂得了什么叫为人民服务。"

（资料来源：肖家鑫.时传祥：宁愿一人脏，换来万家净[N].人民日报，2021-05-30.

二、中国传统文化提倡劳动品格教育

（一）中国传统文化提倡辛勤劳动

中国的传统文化中不仅包含着对劳动价值的充分肯定的部分，也包含着对辛勤劳动的积极倡导。中国古代许多论述都表明，对于劳动首要的是要耐得住艰辛，要能够坚持不懈。古人关于勤奋工作的论点不计其数——政治家们建议子侄们勤于政治事务，学问家们引导他们的子孙后代勤于读书，贤母们教导他们的女儿勤于纺纱。明朝仁孝文皇后徐氏说："农勤于耕，士勤于学，女勤于工。"曾国藩在他的家书中反复阐释他对勤的理解，时常勉励长子纪泽说："家之兴衰，人之穷通，皆于勤惰卜之。泽儿习勤有恒，则诸弟七八人皆学样矣。"他认为，勤劳则家"兴"人"通"，懒惰则家"衰"人"穷"。要做到勤，需持之以恒，通过锻炼逐渐形成一种习惯[4]。

> **探究与分享**
>
> 如何看待对待传统文化要"取其精华，去其糟粕"这种观点？

（二）中国传统文化主张诚实劳动

诚实劳动是指以诚实守信的态度去从事各项劳动活动，认真对待每件事情，不弄虚作假、不投机取巧、摈弃形式主义、勤劳务实、实实在在做事，按照规定的程序和标准完成劳动。诚实劳动是一种良好的道德品质，是人类社会发展的基石。

诚实劳动首先要树立正确的价值观。孟子讲的揠苗助长的寓言，生动地讽刺了那些想通过不诚实的劳动获得成功的行为。要有正确的价值观念，认识到诚实劳动的重要性和意义，明确自己的职责和义务。通过价值观的培养，养成勤劳奋进、诚实守信、有责任感的良好品格，不断提高自己的素质和能力。

诚实劳动需要身体力行、注重实践，切忌纸上谈兵。重视习行、关心实务，是中国古代劳动思想的主流。诚实劳动不仅是一种理念，更是一种行动，只有亲身参与，才能深刻体会到诚实劳动的意义和价值，才能更好地理解和贯彻诚实劳动的精神。要将诚实劳动的理念贯彻到实际劳动中去，不仅要脚踏实地，还要在具体的劳动中注重细节，尽心尽责，不偷懒、不拖延，保证劳动的成果和效率。

Get小技能

运用象限法来管理劳动任务

在实践中弘扬劳模精神，需要养成把握重点、循序渐进、集中力量的习惯；决定次序，从最重要的事情着手。我们必须先决定哪一个工作比较重要，必须优先去做；那些比较不重要，可以缓办。不考虑优先次序所产生的另一结果，常常是一无所成；而且被拖延或耽搁的事情，等之后再提出时，往往已失去时效性。象限法如图2-1所示。

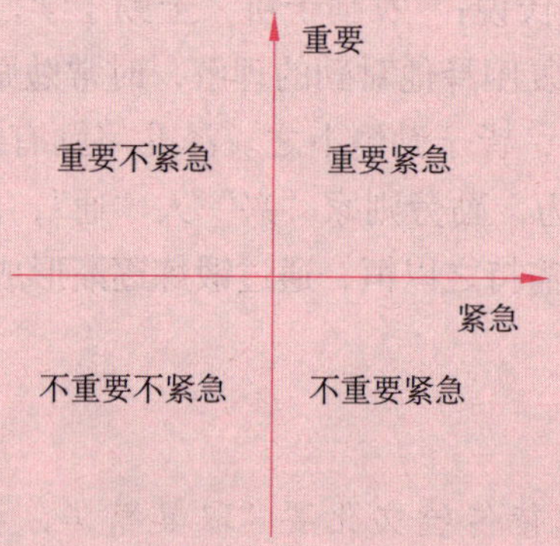

图2-1 象限法

具体应注意以下几点。
- 依工作的重要性决定完成工作的优先级。
- 依工作的重要性决定投入工作的时间。

- 同性质、同种类、类似性高的工作一次解决。
- 不断地思考是否有更有效率的工作方法。
- 避免用过大的手段达成较小的目的以免造成浪费，如杀鸡焉用宰牛刀。

三、传统劳动思想强调创造性劳动

创造性劳动区别于重复性劳动，创造性劳动重视劳动过程中的发明创造，特别强调劳动过程中的灵活性和创新性，注重劳动方式的变革。一方面，创造性劳动会将科学原理和先进技术运用到具体的劳动实践中，以新科学和新原理变革传统的劳动方式，注重劳动的效率和劳动成果的品质；另一方面，创造性劳动在具体的劳动过程中注重细节和创新，能够及时发现问题的关键点，创造性地解决问题。在中国古代的劳动思想中就有许多这方面的范例，例如，鲁班通过创造性发明了锯子，变革了传统的劳动方式；东汉时期汉代劳动人民创造性地发明了水车，变革了传统的灌溉方式；北宋的毕昇通过创造性发明了活字印刷术，变革了传统的印刷方式。历史经验表明，提高劳动效率的关键在于创新，创造性劳动才是社会发展的催化剂。我国古代创造性劳动思想体现在多个方面。

（1）在劳动实践中善于发现，掌握事物的基本原理并作创造性运用。例如中国古代伟大的科学家墨子，他不仅重视生产实践，而且善于在生产劳动中发现事物的规律并且研究其科学原理，据此做出大量创造性发明，还教育学生将其发明运用于劳动生产实践中，提高劳动效率。他说："负而不挠，说在胜。"这里的"负"就是"担"或者说"衡木"的意思；"挠"原意是"曲木"，这里引申为"物体倾斜"的意思；"胜"有"胜任""承受"等意思。整句话的意思是，用衡木负重，如果支点在中间，衡木就不会向两边倾斜。这是因为衡木两端物体的重量相等，彼此重量平衡的缘故。这句话其实阐释了杠杆原理，墨子运用这一原理发明了提水工具——桔槔，极大地节省了劳动力。

（2）在劳动实践中关注细节，进行创造性探索。清圣祖康熙在劳动实践和自然科学探索方面有很高的造诣，他曾刊印《耕织图》颁行全国。"丰泽园所种之稻，偶得穗，较他穗先熟，因种之，遂比别稻早收。若南方和暖之地，可望一年两获。"是他在劳动实践过程中的发现，这段话比较生动地描述了他在农作物选种育种方面的创造性探索。

笔记：

> **探究与分享**
>
> 我们身边有许多发明创造都是创造性劳动的成果。你知道哪些劳动小发明？

任务二　学习新中国劳动教育发展历程

一、起步阶段：教育与生产劳动相结合

（一）起步阶段的劳动教育实施

中国劳动教育的起步阶段（1921—1948年），是根据中华人民共和国成立来划分的。在中国共产党成立初期，党的教育纲领和相关文献中虽然没有关于劳动教育的明确规定，但在教育实践中却体现了劳动教育。例如，在教育实践中贯彻了体力劳动和脑力劳动相结合、理论必须联系实际的方针。1921年8月，毛泽东等人创办了"湖南自修大学"，并且在其大纲中规定："本大学学友为破除文弱之习惯，图脑力与体力之平均发展，并求知识与劳力两阶级之接近，应注意劳动。"1932年5月，湘鄂赣省苏维埃政府训令规定："教育与工业生活农业生活结合，即劳动与教育结合，劳心与劳力结合，理论与实际结合……"

中国工农革命时期，中华苏维埃政府将马克思主义教育思想与中国共产党革命斗争以来所获得的所有有益经验进行了有力整合，这一时期主要借鉴苏联的做法，制定了有关劳动教育的规定，规范了劳动教育的发展方向。在我国劳动教育发展初期，以苏联劳动教育观和马克思主义教育与生产劳动相结合的理论为指导，对劳动教育进行了积极的尝试和探索[5]。

1945年4月，毛泽东在《论联合政府》中论述中国国民文化和国民教育的宗旨时提出："中国应当建立自己的民族的、科学的、人民大众的新文化和新教育。"该方针虽然没有明确地表述要将教育同生产劳动相结合，但却指出新民主主义文化是为全体民众中九成以上的工农劳苦大众服务的，其中必然隐含着教育同劳动人民相结合的理论，并在由中国共产党直接领导的各抗日根据地的教育实践中得到了充分的体现。后来，随着全面抗战、国共内战的接连爆发，教育事业表现出"适应战争需要"的倾向，劳动教育的革命意义凸显。在此期间，无论是国家领导人、爱国将领，还是学校的教师、学生，都共同参加生产劳动，为革命斗争提供物质生活必需品。党的七届二中全会以后，国家教育方针内容更是调整为向"建国"目标发展。1948年以后，由于工业生产对劳动者的科学文化素养要求

较高,"新型正规化"教育被推上了日程,劳动教育的内容和形式也从联系农业生产逐步转向联系工业生产。

拓展阅读

职业教育

职业教育是指通过一定的知识讲解、技能训练让受教育者获取某种职业或劳动所必需的专业知识、职业技能和职业道德的教育。

职业教育包括职业学校教育和职业培训。职业学校教育包括各种职业技术学校、技工学校、职业高中(职业中学)等。职业学校教育是学历性的教育,分为初等、中等和高等职业学校教育。职业培训是非学历性的教育包括对职工的就业前培训、对下岗职工的再就业培训等各种职业培训。

职业教育的目的是培养创新型技术人才和具有一定文化知识水平和专业技能的社会主义劳动者和社会主义建设者。与普通教育和成人教育相比较,职业教育侧重于实践技能和实际工作能力的培养。

项目二拓展阅读

(二)起步阶段的劳动教育实施解读

我国起步阶段劳动教育工作的实施与当时的社会主义经济发展是分不开的。当时我国的抗日战争刚刚胜利,各行各业百废待兴,学校开设的劳动教育课程确实起到了普及劳动知识和技能的作用,也对当时的社会经济发展起到了一定的促进作用。这一时期国家对劳动教育十分重视,无论是写文章、贴宣传标语的正面宣传作用,还是把劳动教育列为道德教育和爱国主义思想中的一部分,都在很大程度上纠正了人们对劳动教育的认知误区,使广大人民群众开始重视劳动教育。同时,在学校开设劳动教育课程,在培养学生思想品德和科学文化素养的同时,又为广大学生毕业后参加劳动实践做了良好的铺垫。

当然,由于教育相关制度的不成熟,当时劳动教育并未达到预期的效果,也存在许多不容忽视的问题。但其成功实施,在很大程度上推动了我国教育事业的发展,为下一阶段的教育发展提供了宝贵经验,也为劳动教育的发展奠定了一定的基础[7]。

探究与分享

思考教育与生产劳动间有什么联系?

二、探索阶段：教育等同生产劳动的误区

（一）探索阶段的劳动教育实施

中国劳动教育的探索阶段（1949—1978年）是中国劳动教育发展的最重要阶段。中华人民共和国成立初期，国家百废待兴，社会急需大量的工农业生劳动者。这一时期，党和政府高度重视社会劳动，倡导全社会人人热爱劳动、人人参与劳动，把热爱劳动、积极参与劳动的理念贯穿于社会主义改造的全过程中，并把"五爱"之一的"爱劳动"作为学校思政教育的重点，旨在教育和引导广大青少年热爱社会主义劳动。在1949年召开的第一次全国教育工作会议和1950年5月中共中央、国务院印发的《当前教育建设的方针》中均明确指出"教育为工农服务，为生产建设服务"的方针，并倡导以前未从事过生产劳动的人积极参加生产劳动，通过劳动不断改造自身、塑造自我。1952年，教育部印发了《中学暂行规程（草案）》，指出一切学校教育的基本原则都要遵循理论与实际相结合的原理，指明了劳动教育改革发展的方向。1954年，中共中央宣传部印发《关于高小和初中毕业生从事生产劳动的宣传提纲》，提出教育和社会生产劳动是不可分割的，指出体力劳动和脑力劳动是两种不同的劳动分工形式，体力劳动是一切劳动的重要基础。无论是中小学生还是大学生，都应该积极地参与到生产和社会劳动中去，这是培养社会全面发展的重要组成部分。

到了1956年年底，随着我国三大改造的基本完成，社会主义制度的初步建立，实现了以按劳分配为主体，多种分配方式并存的分配原则。此时教育领域得到了快速发展，劳动成为具有劳动能力的公民应尽的社会职责。1957年以后，国家大力提倡勤工俭学、半工（农）半读的思想，全国广泛开展了生产劳动，学校办工厂、工厂办学校，实现了教育与社会生产劳动相结合的教学模式。随着中共中央、国务院发布《关于教育工作的指示》，确立了"教育为无产阶级的政治服务，教育与生产劳动相结合"的新的教育工作方针。劳动教育初步体现"校企合作"的办学场面，规定生产劳动"在一切学校教育中必须列为正式课程，所有学生都要参加生产劳动课程且学生依照规定须参加完成一定量劳动时间。"在课程设置上，各级学校都很注重对学生动手能力的培养，中学阶段的教育课程增设教学工厂实习等实践课程，小学阶段教育增设"生产劳动课"和"手工劳动课"。

1963年前后，我国的教育模式基本遵循苏联的教育发展模式。1964年，中共中央、国务院发布关于《高等学校毕业生劳动实习试行条例》，指出，"参加体力劳动应作为高等学校毕业生学生毕业实

习的主要方式",这使之后的劳动教育重心转移到了体力劳动上。

> **知识链接**
>
> ### 劳动光荣,古人也有劳动节
>
> 我们现在过的五一劳动节历史并不长。在 1889 年 7 月,由恩格斯领导的第二国际在巴黎举行代表大会。会议通过决议,规定 1890 年 5 月 1 日无产阶级劳动者举行游行,并决定把 5 月 1 日这一天定为国际劳动节,作为全世界劳动者的节日。我国于 1949 年 12 月做出决定,将 5 月 1 日确定为劳动节。
>
> 按照这种说法,我们现在过的劳动节还不是我国土生土长的节日,而是从外国引进来的"洋节"。但其实我国古代也有自己的劳动节,我们一起看看古代人是怎么过劳动节的。
>
> 关于劳动节的雏形,我国最早在《帝王世纪》中有记载。在远古时代,被尊为"三皇"之首的伏羲非常重视农耕,他在每年农历二月二时,要亲自率领各个部落联盟的首领"御驾亲耕",百姓也要在这天开始下田耕作,这其实表现的就是最原始的劳动节,由天下所有的部落首领带头开展劳动的节日。
>
> 司马迁在《史记》中也有类似的记载,记述了周武王在每年农历的二月二日都会举行盛大仪式,要亲自率文武百官到农田耕作,并将这天定为"春龙节"。
>
> 看来那时的劳动节主要表达的是崇尚劳动、提倡劳动。现在的劳动节却是提倡保障劳动者的合法权益,两者还是有一定区别的,但是本质上是一致的。
>
> 据史料记载,自唐开始农历二月二被正式定为"耕事节"或"劳农节",这个时候"劳农节"表现得和远古时代一样,还是皇帝亲率百官出宫到田里耕地、松土,象征性地参加劳动,农民要在农具上绑上显示喜庆的红绸布下地播种。
>
> 二月二"劳农节"由纯粹的普天之下同劳动的节日,逐渐变为让部分劳动者享受劳动节福利的节日是在清朝。清朝规定:"凡七十以上耕者,免赋税杂差,劳农节赏绢一匹,棉十斤,米一石。"
>
> 现在一些地方农历二月二也还有一些习俗,例如在这一天男人都要去理下头发,让自己在新的一年精神焕发。民间也流传着一首脍炙人口的打油诗:"二月初二龙抬头,天子耕地臣赶牛,正宫娘娘来送饭,当朝大臣把种丢,春耕夏耘率天下,五谷丰登太平秋。"
>
> 在中国远古至封建社会几千年里,农耕一直是主要的劳动

笔记:

方式，提倡和鼓励劳动，也就是提倡和鼓励农耕。辛勤劳动是光荣的，受到统治者的重视，也是亿万中国人民养活家庭的重要手段。

（资料来源：乃强，小年.劳动最光荣：古人也过劳动节，唐代皇帝这天亲自下田[N].北京日报—五色土，2019-04-26.）

（二）探索阶段的劳动教育实施解读

我国探索阶段劳动教育的总体方向是，学校教育的主要内容是课堂教学，学生的主要职责是学习文化知识。但是在学校教育的具体实施过程中，学生却以参加生产实践为主，导致"生产实践"活动以各式各样的形式渗透在日常的学校教育中。这种教学方法的实施途径，偏重于劳动生产实践，忽视了文化知识和基础理论知识的传授，出现了生产劳动替代教育教学的倾向。

探究与分享

你认为教育和生产劳动应该如何结合在一起？

三、发展阶段：教育与生产劳动、社会实践相结合

（一）发展阶段的劳动教育实施

1978—2011年是我国劳动教育的发展阶段。随着全球经济和科学技术的高速发展，我国在政治、经济和教育等的政策方面做出了积极的调整。在教育改革方面，陆续出台了一系列关于学校教育课程改革地文件，教育事业开始稳步发展。同时，我国在1977年10月恢复了高考，1986—1999年颁布了第一个劳动课程教学大纲，规范劳动课程的发展，对不同层次的劳动教育做出了相应的规定。

我国恢复高考的第2年，教育和人才培养进入了新的历史发展阶段，社会生产力的发展迫切需要与社会文化和教育的发展相适应。因此，脑力劳动应纳入劳动教育范围，而不再是局限于简单的体力劳动，并与德育、智育、体育有机结合。1978年，邓小平在全国教育工作会议上深刻揭示了社会主义劳动教育的实质，重申了"培养劳动者"的教育目标，同时恢复了毛泽东同志提出的"成为有社会主义觉悟的有文化的劳动者"教育理论思想，并强调"必须造就宏大的又红又专的工人阶级知识分子队伍，必须培养具有较高科学文化知识水平的劳动者"，这对我国的劳动教育提出了新的要求。与此同时，党的工作重点已调整为以经济建设为中心和以社会主义现代

化建设为重点，迫切需要提高广大劳动者的综合素质和基本技能。劳动教育因此得到重新审视和重塑，更加重视劳动技术技能教育，更加注重劳动者综合素质的提高。这在我国后来发布的一些教育文件中得到了很好的反映。

2001年，劳动教育被纳入综合实践活动，与研究性学习、社区服务和社会实践、信息技术并列为综合实践活动的四大领域之一。综合实践活动的全面性有助于促进劳动教育和劳动教育的不同组成部分与其他三个组成部分的融合。实践性可以防止劳动教育停留在课堂教学中而忽视劳动经验和操作。生成性可以增强学生在劳动教育过程中的主动性和参与性。在实践中，综合实践活动形成了学科拓展、主题活动、区域推广等多种课程开发与实施模式。作为其组成部分之一，开展劳动教育的方式也有所增加，有助于增强学生对劳动教育的兴趣，提高劳动教育的实施效果。

（二）发展阶段的劳动教育实施解读

发展阶段我国的劳动教育已经突破了建国初期所固有的思维模式，教育的主要目的是要实现我国的社会主义现代化，这一时期初步转变了传统的劳动教育只是简单的动手或劳动教育是一切体力劳动的观念，开始构建出能适应现代化发展，能与社会化大生产相结合的劳动教育的制度和规范。在科学技术迅猛发展的时期，国民经济对教育改革做出的客观要求是教育与生产劳动的结合。因此，这一时期劳动教育课程设置的理念旨在通过系统的教育，培养学生的独立思考能力、质疑能力、创新能力和实践能力，为经济社会的发展输送德才兼备并具有社会主义理想的高素质人才，进而促进人民生活水平的提高和国家经济的高速发展[7]。

四、新发展阶段：新时代劳动教育

（一）新发展阶段的劳动教育实施

2011年以后是我国劳动教育的新发展阶段，这一时期我国社会经济空前发展，各项制度逐步完善。特别是2012年党的十八大召开以后，我国进入中国特色社会主义建设新时代，教育的改革和发展也进入了新时代，立德树人成为教育的根本任务，劳动教育开始被纳入教育方针。

2015年印发的《教育部　共青团中央　全国少工委关于加强中小学劳动教育的意见》丰富了"劳"的内涵，提出要通过劳动教育，引导青年学生认识到"生活靠劳动创造，人生也靠劳动创造"。同年修订的《中华人民共和国高等教育法》新增了"为人民服务"与"社会实践"相结合等相关内容。这一修订立足当时的时代发展，体

笔记：

现了劳动教育在我国高等教育领域改革发展中的重要地位，彰显了劳动教育在高等教育中的重要价值。

2017年由中共中央、国务院印发并实施了《中长期青年发展规划（2016—2025年）》。作为我国第一个中长期的青年发展规划，它从发展全局和战略高度等方面看待青年学生的发展事业，旨在通过推进青年的社会实践、青年的就业创业活动加强青年学生劳动教育。

2018年，习近平总书记在全国教育大会上发表重要讲话，围绕"加快推进教育现代化、建设教育强国、办好人民满意的教育"的目标任务，提出了"努力构建德智体美劳全面培养的教育体系，形成更高水平的人才培养体系"。大会第一次将"劳"作为一项素质要求并且同"德智体美"并列作为教育方针，丰富和完善了全面发展教育方针，为加强青年学生劳动教育提出了全新的教育方向和建设要求。

2019年6月，中共中央、国务院印发的《中共中央 国务院关于深化教育教学改革全面提高义务教育质量的意见》明确指出了要坚持"五育"并举，全面开展素质教育。还单列出了劳动教育，被全面纳入培养体系中，填补了此前劳动教育在学校教育教学中的空位，其地位也被极大强化。

2020年3月发布的《中共中央 国务院关于全面加强新时代大中小学劳动教育的意见》提出要以习近平新时代中国特色社会主义思想为指导，全面贯彻党的教育方针，落实全国教育大会精神，坚持立德树人，坚持培育和践行社会主义核心价值观，把劳动教育纳入人才培养全过程，贯通大中小学各学段，贯穿家庭、学校、社会各方面，与德育、智育、体育、美育相融合，紧密结合经济社会发展变化和学生生活实际，积极探索具有中国特色的劳动教育模式，创新体制机制，注重教育实效，实现知行合一，促进学生形成正确的世界观、人生观、价值观。

党的二十大报告指出："在全社会弘扬劳动精神、奋斗精神、奉献精神、创造精神、勤俭节约精神，培育时代新风新貌。"新发展阶段，劳动教育是党对我国教育事业提出的新要求，也是落实立德树人根本任务，培养德智体美劳全面发展的社会主义建设者和接班人的重要举措。"为党育人""为国育才"，鲜明体现了我们党站在建设教育强国、实现中华民族伟大复兴的时代高度，对"为谁培养人"这一重大问题的深切回应。以伟大建党精神引领劳动教育，将伟大建党精神所蕴含的信仰引领、使命导向、品格塑造、情怀培育等方面的育人价值，与劳动教育本身所具有的树德、增智、强体、育美的育人功能有机融合，让学生面向现实生活和真实的职业世界，用劳动实践塑造自己、建设祖国，把个人的劳动与人民对美好生活的向往，与国家的富强，与民族的复兴紧密联系起来，积极参与到社会主义建设事业中。

（二）新发展阶段的劳动教育实施解读

进入新世纪，国家和政府高度重视素质教育，号召努力培养全面发展的人才，劳动教育因此获得了深入发展。为了积极摆脱自身发展中的困境，探索新的发展道路，劳动教育研究者不断提高自身理论意识，多维度、多角度地积极探索劳动教育，在新的战略高度上深化和拓展劳动教育的理论视野[8]。

2010年之前，对劳动教育的探索主要集中在新时代劳动教育的改革与实践上。新发展阶段，为了摆脱"应试教育"的负面影响，打破劳动教育名存实亡的困境，劳动教育已成为社会文化发展的必要条件。

党的十八大以来，习近平总书记继承和完善了马克思主义劳动思想，在多次重要讲话中都围绕劳动、劳动者、劳模精神等内容进行过深刻地阐述，反复强调了在推动人类社会进步方面的重要作用，对青年学生的劳动教育开展做出了一系列重要论断。

党的二十大报告中，习近平总书记再次强调，培养德智体美劳全面发展的社会主义建设者和接班人，坚持尊重劳动、尊重知识、尊重人才、尊重创造。这为学校劳动教育的发展指明了方向，也体现了新时代劳动教育的重要性。有必要站在新的战略高度，深入分析劳动教育，重新审视劳动教育的价值和未来前景。在知识经济时代，劳动教育不仅是一项硬性要求，也是培养创新精神和能力不可或缺的手段[6]。

实践活动

"新时代劳动教育之我见"主题演讲

要在学生中弘扬劳动精神，教育引导学生崇尚劳动、尊重劳动，让学生懂得劳动最光荣、劳动最崇高、劳动最伟大、劳动最美丽的道理，长大后能够辛勤劳动、诚实劳动、创造性劳动[8]。在新的时代，如何正确理解劳动教育的价值和内涵？

请以"新时代劳动教育之我见"为主题准备一次演讲。

1.过程记录

活动的难点：_____

活动的关键点：_____

笔记：

笔记：

我的演讲思路：_____

我的观点：_____

2. 结果评价

教师可参考表 2-1 对学生的演讲进行评价。

表 2-1 演讲评价表

评价标准	评价细则	分值	分数小计	教师评价
演讲完整	顺利完成演讲，无大规模忘词现象	20 分		
注重事实	用事实材料阐明观点	15 分		
	引出符合客观实际的结论	15 分		
论理性	有叙有议，叙议结合	15 分		
	逻辑清晰，观点鲜明	15 分		
语言优美、简洁	语言流畅，不拖泥带水	10 分		
	善用比喻，语言优美	10 分		

项目三
新时代劳动教育的使命与价值观

🏷 素质目标

对劳动教育的意义有所了解。

🏷 知识目标

（1）了解中国特色社会主义进入新时代的背景。
（2）了解新时代教育的目标和使命。

🏷 技能目标

有德智体美劳全面发展的意识和动力。

🏷 项目简介

劳动教育倡导德智体美劳全面培养。劳动教育的回归是马克思主义"人的全面发展"基本观的回归，是以"教育与生产劳动"相结合的社会主义基本教育原理为基础的教育不断发展的具体体现，也是学校培养全面发展的社会主义建设者和接班人的主要途径[9]。

🏷 案例导入

劳动教育占用学习时间了吗

小张同学今年17岁了，马上要高考的他却由于很难与同学相处而面临转学。据了解，小张是独生子女，家里也没有堂兄堂弟之类的同伴，其父母常年在外省打工，只有春节或者特殊情况会回家一次。小张从小在爷爷奶奶的溺爱下长大，他的父母也由于缺少对孩子的陪伴心存愧疚，给他提供了优越的物质条件。小张从小到大，家务活从来不用动手，也不会受到任何批评教育。正是这种放任和溺爱，使他养成了敏感、固执、偏激的性格，导致他做事我行我素，不计后果，同时又缺乏责任感，逆反心理也极强。在学业上也缺乏积极性，老师布置的作业敷衍了事，多一点也不想做，甚至抄袭同学的作业。由于学习基础不牢，上课不认真，课后不思考，他的学习成绩一直处于下游。

笔记：

想一想：
（1）假如你是小张的班主任，你会怎么帮助他呢？
（2）你认为家庭劳动教育是必要的吗？
（3）许多家长认为让孩子从事劳动占用了学习的时间。你怎么看待这种观点？

工作任务

任务一　新时代劳动教育的使命

学校的教育目标是培养真正的人，即全面和谐发展的人。新时代教育的新使命赋予了劳动教育新的时代内涵和性质。"新劳动教育"包括"新劳动"教育和"新"劳动教育。所谓"新劳动"教育，是针对劳动教育的时代内涵，以新的劳动形态和劳动方式为基础的劳动教育。随着科学技术的发展和产业转型，劳动形式和方式已经从以前的个体体力劳动转变为合作复合劳动。因此，学校劳动教育应适应劳动的新变化，开展劳动教育。"新"劳动教育是针对劳动教育的新性质而提出的。它基于新的劳动教育理念和定位，与改革开放前实施的劳动教育有本质区别，以"思想改造"为目的[9]。

一、劳动树德

劳动有助于形成良好的思想道德素质。实践证明，人在劳动中可以形成许多优秀的品质。只有在劳动实践中，才能培养孩子热爱生活、珍惜劳动成果的习惯，使孩子养成勤俭节约、艰苦奋斗的良好作风。劳动可以锻炼吃苦耐劳的坚强意志，有助于培养良好的社会适应能力，促进身心健康。劳动可以培养勤奋、积极的工作态度，有利于形成对集体和国家的义务感和责任感。劳动可以培养独立的生活能力和自力更生的进取精神。

劳动是联系理论和实际的重要纽带。学生通过劳动实践，通过手脑并用协调配合，通过身和心的体验及领悟，从而达到知识的入脑、入心，真正形成道德认识内化。通过教育对劳动实践进行正确引导，学生在面对真实的道德场景的时候，才会第一时间凭借经验做出准确的道德判断。所以要培养学生在劳动过程中去体会去体验，这样的道德认识才能更加深刻，才能让学生结合实际形成相应的道德辨识能力。

劳动教育可以为道德情感内化的过程提供真实的实践场景，只有通过亲身的经历，不断耳濡目染，不断体验和陶冶，才能引起内心情感的激荡，从而获得体验，形成稳定的道德情感；这种情感是一种持久稳定的心理品质，一旦建立，就不容易再改变。劳动教育对于磨炼坚定的道德意志有着重要的促进作用。当大学生在参与劳动实践活动，面对某些具有诱惑的情景时，一定要锻炼出自己的"忍耐力"。劳动对于"忍耐力"的培养具有潜移默化的作用，因为任何一个劳动任务都不是轻松而且很快就能完成的。例如，精心培育一种作物，从播种到浇水、除草施肥外，全程都需要细心的看护和照顾。作物的生长是一个漫长的过程，学生对其进行培育的过程其实也是对自身的耐心和恒心的培养过程。抵得住诱惑，内心才会平静，才能使自己的道德认识在形成的道德情感中转化为坚定又正确的道德意志。

> **探究与分享**
>
> 劳动能培养哪些道德品质？

二、劳动强智

在校生在劳动实践中可以发现问题、解决问题，有助于提高学生的智商、激发学生的学习兴趣、提高学生的学习效率，可谓强智。我国智育的主要任务是向学生传授科学文化知识，提高学生全面的知识水平，促进其智力发展，培养学生多方面的兴趣爱好以及创造性思维能力。热爱劳动的人，思维是敏锐而开阔的；学生通过动手，可以开发其创造性和钻研精神。

研究表明，人类可以通过一系列的训练提高影响智力的因素，以达到促进智力发展的目的；通过劳动教育训练的内容提升观察力，如对某个劳动训练的过程进行仔细观察；通过最直接的体验提升对自然现象的直观认识，观察力能够逐步得以提升。

普通的理论知识的学习，是通过掌握一定的科学知识和客观规律，实现从感性认识到理论认识的转变。劳动教育是通过劳动实践课程，在教师的指导下，让学生将自己所学的知识经验运用于实际生活，在运用的过程中体会科学知识的真实作用和价值，进而激发对知识进行进一步探索的兴趣。因此，让学生觉得学有所用、学习可以体现自身的价值，这是激发学生学习兴趣的根本动力。

同时，如果学生能在劳动的过程中展示自己的才能、获得成功的体验和喜悦，会让他变得更加自信。一个自信的人是充满光亮的人，他们会变得对世界充满关心和兴趣，并且相信自己有能够解决

笔记:

任何问题、克服任何困难的信心和能力[9]。

> **探究与分享**
>
> 体力劳动和脑力劳动哪一种创造的社会价值更多?

三、劳动健体

在校生通过劳动可强健体魄、增强意志力、调适心理、培养吃苦耐劳的精神,可谓健体。适度的体力劳动可以调适心情,是强身健体的一剂良药。

劳动和体育有着极大的关联,两者都可以从行为和动作上对身体进行锻炼,因此劳动教育对学生的身体健康也有很重要的作用。学生适当地参加体力劳动,可以促进身体的新陈代谢,增强呼吸系统、循环系统、消化系统等的机能。学生在劳动任务中,不仅可以强身健体、增强体魄,而且可以促进手脑协调能力。同时,学生在劳动锻炼的风吹日晒中,不知不觉增加了身体的抵抗力、增加了对环境的适应能力。加强劳动教育,增强学生体魄,可谓一举两得。

当代体育教育的任务不仅仅是锻炼学生强健的体魄,同时也应注重学生的心理发展,可谓是身心结合的系统化训练。而劳动教育同样也可以起到促进身心发展的作用。学生在参加劳动的活动中,通过与人沟通协作,可以培养乐观开朗的性情,继而改善人际关系、提高社会生活适应能力。同时劳动有助于消除心理障碍,劳动活动产生的最终劳动成果,可以让学生的身心获得一种舒适的感受,产生一定的成就感并且体验到幸福,从而更好地摆脱压抑和悲伤等消极情绪;通过劳动活动,可以帮助学生不断克服遇到的主观和客观困难,越是想办法努力去克服主观困难,学生的受挫能力及解决问题能力就越强,就越能培养良好的意志品质。因此,学生劳动教育同样有益于培养学生的心理适调能力[10]。

> **拓展阅读**
>
> **云南省劳动教育系列活动启动**
>
> 2023年5月8日,云南省劳动教育系列活动启动仪式在昆明举行,全省16个州市、有关高校设立分会场同步启动活动。此次活动由云南省委教育工委、省教育厅主办,以"劳动教育开新篇,五育并举促成长"为主题,旨在引导更多的学生积极参与到劳动实践中来,多动手、勤实践,树立劳动最光荣、劳动最崇

高、劳动最伟大、劳动最美丽的信念,在劳动中收获乐趣,在劳动中创造幸福。启动仪式上,教育体育局、大中小学校、劳动基地等7家代表单位作交流发言,分享在劳动教育工作中的做法与经验。

近年来,云南省以全学段课程改革为支撑,以家校社协同育人为抓手,不断完善和强化劳动教育体系,开展了一系列实践探索,取得了积极成果。评选出省级中小学探索创建示范学校609所、大学生劳动教育示范学校10所、劳动教育典型案例92个。全省中小学校共建有校内校外劳动实践基地6245个,遴选出48个省级研学劳动基地,国家级中小学生研学实践教育营地(基地)14个,楚雄彝族自治州、曲靖市沾益区、玉溪市江川区被认定为全国中小学劳动教育实验区。

(资料来源:陈怡希.云南省劳动教育系列活动启动[J].云南日报,2023-05-09.)

探究与分享

劳动最主要的目标是教化还是产出价值?

四、劳动育美

苏霍姆林斯基认为:"美育最重要的任务是教会孩子能从周围世界,也就是从大自然、艺术、人们关系的美中看到精神的高尚、善良、真挚,并以此为基础确立自身的美。"美育是以美的姿态、美的颜色、美的旋律等来对学生施以教育,它美好生动,且会让人有发自内心的愉悦、舒适、动情的体验。事实上,在劳动教育中渗透审美教育,不但可以进一步使学生认识劳动的价值和意义,而且能在潜移默化中影响学生的情操、气质、趣味等。

通过劳动教育,学生可以发现生活中以前不曾发现过的美。当代学子内心浮躁、价值功利化,适当的劳动教育引导他们发现生活中普通平凡的美,可以让他们的内心获得平静、行为变得斯文,促使他们形成健全的人格。

劳动教育可以让学生用身体丈量这个世界,用身体和内心去感受客观世界的美。学生在劳动的过程中看到自己辛勤劳动的结果,从而能感觉到被社会所需要,自己在为社会做出贡献的同时,也收获了成长。这种感觉会鼓舞学生,陶冶学生的心灵,进而使学生感受到劳动成果来之不易的美,从而对劳动价值的理解也越发深刻。

劳动实践创造了美，提供了美的来源。通过辛勤劳动而换来的自尊感、自豪感，正是心灵美的主要来源。在热爱劳动的同时，对别人的劳动成果给予尊重，这何尝不是一种美的传播。学生在劳动的过程中，与同伴相互关心、彼此配合、团结协作，共同向着一个目标努力，和伙伴之间彼此感染、相互鼓励，同样也是一种美的传播。学生的劳动作品中蕴含着美的因素，是展现他们的审美情趣和艺术表现力的集中体现；学生将符合美的规律的作品进行展示，别人在看到他的作品的时候，进而欣赏到他创造的美，即完成美的传播。由此可见，劳动教育不仅仅是有关劳动的教育过程，同时也是发现美、感受美、创造美和传播美的过程。

五、劳动提能

劳动能够提升获得幸福的能力。幸福，因人而异；它可以是一个哲学里"形而上"的问题，也可以是作家们一闪的灵光，还可以是农民秋收季节的灿烂笑容。通往幸福的道路有很多，但劳动无疑是最可靠最踏实的门路。电影《当幸福来敲门》中，主人公克里斯·加德纳面对婚变、面对饥饿、面对六岁的儿子、面对没有工作的困境，他从来不觉得生活是幸福的。但笔者深为影片中的一句话所触动，"你有梦想的话，就得去保护它"。克里斯的梦想就是一份稳定的工作、一顿充饥的早餐、一个安逸的家庭。他哭泣过，但从不服输；他用双手和勤勉获得了可以幸福的资格，于是"当幸福来敲门"时，他用勤劳抓住了幸福的机会。幸福就是挥汗如雨后的微笑、是打靶归来的轻松、是勇敢的心、是坚定的信仰。说到底，幸福来敲门，都是因为劳动，它是幸福的源泉和基础；不劳动，我们总会误解幸福的真意，因为你无法享受到劳动后的，哪怕是片刻的喜悦。

劳动能培养人吃苦耐劳的精神、独立自主的意识和积极向上的心态。树立劳动观念、养成勤俭节约的美德，要从日常生活的点滴做起。在日常生活中要求学生做些力所能及的事情，例如：上体育课时让学生协助教师领取和收还体育器材，帮助教师布置上课和训练场地；让学生整理好文具、自觉维护教室公共物品。

拓展阅读

提升劳动效率的小技巧

（1）将工作中要做的事情根据优先程度分先后顺序。80%的事情只需要付出20%的努力；而20%的事情是值得做的，应当享有优先权。因此，要善于区分这20%的有价值的事情，然后根据价值大小分配时间。

（2）巧妙地拖延。如果工作中一件事情，你不想做，可以将这件事情细分为几个很小的部分，只做其中一部分就可以了。

（3）做事前有计划。接受工作任务的时候尽量搞清楚领导的意图，基本上就知道要做什么：用什么样的验收标准来检验你的工作质量；根据任务的内容列出计划，详细到每个重点的节点。

（4）给每件事情设置期限。不要让任务无休止地进行下去。否则你的时间将会被无限占用。

（5）记下你认为重要的事物。不要太依赖于记忆力，要做的事情最好写下来，用大脑思考，用纸笔或者计算机来记录才是正确的工作方法。

任务二　新时代劳动教育的价值观

正确的劳动价值观引领我们前行，为我们创造动力。新时代正确的劳动价值观应该是崇尚劳动、热爱劳动、辛勤劳动、诚实劳动。

一、尊重劳动：常怀感恩之心

人类从远古时期发展到现代，从茹毛饮血到刀耕火种，从简单机械化到自动化智能化，社会在不断发展，如今辉煌的现代文明，是一代代劳动者用智慧和汗水创造的。劳动可以改造世界，每一个劳动者在社会进步中都发挥着不可替代的作用。

值得一提的是，在现代科技高速发展的今天，我国的广大农民仍承担着十分艰辛的体力劳动，正是他们夜以继日的辛勤劳动，解决了14亿人口吃饭问题。我国是农业大国，从某种意义上说，农民是我们的衣食父母，我们要怀着感恩之心，尊重他们的劳动果实，摒弃奢侈和浪费。我国古典文化就充分地懂得怜悯和尊重劳动人民，有一句脍炙人口的名言为证："一粥一饭，当思来之不易；半丝半缕，恒念物力维艰。"时代发展到今天，我们更应该尊重农民的劳动[4]。

农民的劳动很重要，工人的劳动同样不可或缺。倘若没有产业工人制造天上的飞机，水里的船舰，公路上的汽车，日常生活中所有的日用品，那我们的衣食住行将会极大不便。倘若没有通信工人建造包括光缆、电缆、微波设备、卫星通信设备、机房、基站、通信铁塔、管道、杆路、交接箱和供电设备，信息的共享就难以实现。

倘若没有筑路工人披星戴月、风餐露宿、逢山开路、过河搭桥，我们今天的交通依然是闭塞的。倘若没有环卫工人不怕脏、不怕辛苦，以他们的汗水换来城市的清洁环境，很难想象我们的生活将会是一种什么样子。

诚然，农民和工人为社会做出了许多有益贡献，我们应当尊重他们的劳动。但是我们也应当看到，社会的发展离不开创新和创造，不管是汽车、飞机的发明，电话的发明还是人工智能的实现，都在说明一个道理，只有脑力劳动和体力劳动的完美结合才能促进社会的发展。尤其是现在，人工智能和自动化日趋成熟，越来越多的初级劳动被高级劳动所代替，越来越多的简单劳动被复杂劳动所代替，越来越多的体力劳动被脑力劳动所代替，这一系列代替并不是说明体力劳动可以被淘汰，也不能说明我们可以重脑力劳动而轻体力劳动，而是通过脑力劳动来优化体力劳动，提高劳动效率。脑力劳动以前所未有的速度向科学技术的深度和广度进军，人们若想减轻体力劳动的负担，便不得不依赖脑力劳动的发明创造、科学管理、合理调度等达到此目的。脑力劳动的目的之一便是减轻体力劳动的重度和难度，所以，我们在尊重体力劳动的同时也要尊重脑力劳动。

拓展阅读

深刻理解劳模精神的内涵

"劳动模范身上体现的'爱岗敬业、争创一流，艰苦奋斗、勇于创新，淡泊名利、甘于奉献'的劳模精神，是伟大时代精神的生动体现。"习近平总书记关于劳模精神的表述，为我们科学理解和大力弘扬劳模精神提供了正确的方向和指导。我们要正确理解这一表述中6个词汇的含义，要从整体上把握劳模精神的科学内涵[11]。

总体上看，习总书记的表述一方面道出了劳模之所以能从广大劳动者群体中脱颖而出的根本原因，另一方面也为广大劳动者群体提出了奋斗的目标和方向。6个词汇中，爱岗敬业是本分，争创一流是追求，艰苦奋斗是作风，勇于创新是使命，淡泊名利是境界，甘于奉献是修为。做一个守本分、有追求、讲作风、担使命、有境界、有修为的人，是每一位劳模的精神风范，更是每一位劳动者应该追求的目标[3]。图3-1所示为被工友称为"工人院士"的石油工人劳模卢建强。

图 3-1　劳模人物卢建强

（资料来源：弘扬劳模精神争做大国工匠 [J]. 河南日报，2017-05-02.）

二、热爱劳动：人生幸福据点

"民生在勤，勤则不匮"，劳动是创造财富的源泉，也是获得幸福的源泉。"夙兴夜寐，洒扫庭内"，热爱劳动是中华民族的优秀文化和传统。劳动是解决人类生存问题的基本手段，热爱劳动是一种崇高的思想品德。

劳动是人类最基本的实践活动，它为人们的物质和精神生活提供了必要的条件。人们应该热爱劳动、学会工作。劳动对我们的整体发展具有重要意义，劳动能促进我们的身体发育、培养我们健全的人格。年轻时，我们生活在钢筋束和铁骨的混凝土丛林中。我们抬头看着灰色的天空，低头看着熙熙攘攘的车流；我们重复着每天从家到课堂的路线，重复着繁忙的作业和考试——我们如此远离大自然，远离我们的地球母亲。在劳技课上，老师给了我们接近大自然的机会，让我们从作业和考试中释放出来，以此净化我们的心灵。

Get小技能

成为时间管理达人

（1）每天下班前，把所有明天需要做的事情根据急缓程度写下来，并且定下每件事情的预计完成时间，作为明天的工作计划。

（2）懂得拒绝。要学会对别人的委托说"不"，这是完成自己的工作、提高效率的一个重要技巧。

（3）"太忙"只不过是不做某件事的借口，要想想到底什么才是真正重要的。

（4）每天给自己最少半小时做自我思考：整理、净化自己的思想，检讨对人、对事的看法，处理杂乱的、不应该有的意念。

（5）尽可能地一次性完成工作任务。我们最怕的是断断续续地完成一项工作，到最后发现工作完成得支离破碎。一次性完成工作不但能节省时间，而且能提高工作信心。

三、践行劳动：奋斗的青春最美丽

劳动可以创造财富，劳动可以创造文明；劳动者是一切文明与财富的创造者。在我们的身边有这样一位位最平凡却最可爱的劳动者，他们在疫情防控的每个角落艰苦奋战、撑起了疫情防控的"半边天"；他们爱岗敬业、他们勇于创新、他们甘于奉献、他们以匠心超越平凡，他们是新时代最美的劳动者。

疫情发生以来，许多医护人员主动请战，自愿到疫情防控定点医院参与救治工作。时间就是生命，每天，他们至少要工作8小时。为了节省医疗物资、为了方便照顾病患、为了与时间赛跑，他们第一次穿上了纸尿裤；同时做到上岗前少喝水，尽最大努力来降低防护服的更换频率，他们是新时代最了不起的劳动者、最值得敬佩的"战士"。

有这样一群人，他们不眠不休地"战斗"之后又默默退出，他们就是雷神山、火神山医院的建设者。这群平凡普通的建设者们说："只要有需要，我立马就过来。""一方有难，八方支援！""能为雷神山、火神山医院建设出份力，我很骄傲！"这些逆行者们在武汉见证着"中国速度"。

他们以身作则，坚守在一线，他们是教书育人的园丁、是抗疫战场上无怨无悔艰苦奋斗的志愿先锋。他们认真落实教育系统关于疫情防控工作的要求，积极通过班级群认真做好每个班级每个学生的防控知识宣传、家庭外出情况排查等工作，切实加大对学生和家长的宣传和教育，告知家长做好家庭防范，以实际行动筑牢教育防疫的第一道防线。他们认真贯彻"停课不停学"要求，学生在线学习期间，认真备课，用心批改作业，不让每一名孩子掉队。

拓展阅读

深刻理解工匠精神的内涵

工匠精神是近年来我国社会的一个热点问题，也是学术界研究的一个重大课题。"弘扬劳模精神和工匠精神，营造劳动光荣的社会风尚和精益求精的敬业风气。"工匠精神这一概念，常被习近平总书记提及，也被写入了党的十九大报告。我们应该以习近平总书记关于工匠精神的系列重要讲话精神为指导，一方面理解工匠精神的科学内涵，另一方面认识到工匠精神与劳模精神、劳动精神相比所体现出的特色[1]。

工匠精神是每一位不甘于平庸的劳动者在平凡的工作中不断对自己提出更高的要求，并不断自我超越、自我提升、自我完善，始终追求做更好的自己时所表现出的工作态度、工作境界、工作习惯以及整体工作精神面貌。笔者认为，工匠精神可以概括为：坚守执着、精益求精、专业专注、追求极致、一丝不苟、自律自省。从工匠精神的角度看，坚守执着是一个人的本分，精益求精是一个人的追求，专业专注是一个人的作风，追求极致是一个人的使命，一丝不苟是一个人的境界，自律自省是一个人的修为。图3-2为大国工匠，被称为"汽车心脏的守护者"的全国劳模徐小平。

图3-2 大国工匠徐小平

（资料来源：中国梦·大国工匠徐小平：始于梦想成于实干[J].央视网，2016-07-26.）

任务三　劳动实践"四部曲"

劳动的精华在于做中学。通过劳动实践，才能认同和体验劳动之美，才能发挥想象力和创造力进行劳动创造，学习到劳动知识、习得劳动技能。

一、情感认同：劳动观念内化

劳动观念是决定劳动行为的前提条件。积极向上的劳动观念，可以指导人们做出正确的劳动行为；而错误的观念则会导致很多问题的产生，不利于学生的身心健康成长。学生只有树立正确的劳动观，才会热爱劳动和珍惜世界上的一切劳动成果，才会主动积极地接受劳动，才会从心底里去尊重劳动和劳动者。

如果仅仅停留在认知层面，青少年劳动教育的成效是远远不够的。促进他们形成良好的劳动意识和习惯，使他们勤奋、自觉、勇敢地劳动和创造，为他们的终身发展和生活幸福奠定基础，是劳动教育的最终目标。从理论认知到具体行为，都离不开情感认同的中介作用。劳动教育的目的不仅是让青少年知道和理解什么是劳动，而且是基于劳动事实和知识传播劳动观念、情感、态度和价值观，主要目标是让青少年对教育者所主张和传授的劳动思想予以赞同、信服并内化为自身的信念。

青少年将劳动教育的要求转化为内在信念、态度、品质的程度。它是以对正向的劳动观念知晓和认同为前提的，是对教育者所传递的劳动观念、情感、态度、价值的进一步认同和接受，是青少年对教育信息最高程度的同化反应。有成效的劳动教育活动应该能够促进青少年劳动思想观念的内化。

> **知识链接**
>
> **《平凡的世界》——一曲关于劳动创造价值的赞歌**
>
> 《平凡的世界》是茅盾文学奖获奖作品、路遥的长篇巨著，是一部全景式表现中国当代城乡社会生活的长篇小说，是一曲关于劳动创造价值的赞歌，值得每位同学阅读。
>
> 书中塑造了以孙玉厚、孙少安、孙少平父子三人为代表的陕西农民形象，代表着我国千千万万个普通劳动者，他们勤劳、质朴、善良、忠厚的品质是我们中华民族优秀品质的写照。虽然书中表现的是20世纪七八十年代中国农民为温饱苦苦挣扎的故事，但主人公在困境中躬耕伏地、忘我劳动、与命运顽强抗争的精神，对我们这一代青年有很强的借鉴意义。

> 在《平凡的世界》中，正是在田间"一滴汗水摔八瓣"的艰苦劳动，让主人公——孙少平学会了对理想、价值的思索，改变了自己的命运，由一个面朝黄土背朝天的农民变成了一个有知识、有理想的矿工，走向了更加广阔的天地。但这并不意味着他从此就告别了"苦难"，矿井下又脏又累又苦、充满危险的超负荷劳动，带给他新的严酷考验，加上慈父一般的师傅死于井下，未婚妻在暴雨中救人英勇牺牲等无情打击几乎将他击倒。巨大的人生磨难面前，拯救孙少平的依然是劳动，他知道只有劳动才能忘却苦难、战胜苦难，因此他婉拒了他人重新安排工作的好意，坚持继续在矿井下从事超负荷的矿工生活，最终成长为一个能够主宰自己命运的真正男子汉，以凤凰涅槃的精神和意志，重新投入这"平凡却生生不息"的世界，重新赢得了珍贵的爱情、友情、亲情。
>
> 孙少平的哥哥孙少安，作为家中长子，他从小就极具责任感和担当精神，在祖母病弱、父母年迈、弟妹尚小、日子难以为继的时刻，他过早地离开了学校，用稚嫩的肩膀和父亲一起在田间劳动，挑起了生活的重担。然而与父辈不同的是，他是个读过书、善思考、有眼光的"准新型"农民，在劳动中产生的觉醒和智慧，促使他这个村民小组长在改革开放初期就带领乡亲暗地里搞起了分田到户，激发了大家的劳动热情，带来了可喜的收获；他渴望通过劳动摆脱贫困的命运，大胆借钱投资办起了烧砖场，和妻子一道苦心经营，历经挫折却从不放弃，最终成为远近闻名的劳动光荣户、万元户，让孙家湾的乡亲们刮目相看[12]。
>
> 书中与少安、少平同样闪光、栩栩如生的人物，还有孙玉厚、田润叶、田润生、田晓霞及孙兰香、孙兰花等一大批角色形象，他们虽身处不同的职业、有着不同的境遇和人生轨迹，但无一不具有热爱劳动、乐于奉献、朴实勤劳的优秀品质。
>
> （资料来源：汤思源.《平凡的世界》人物形象分析[J].北方文学：下，2011.）

二、理性认知：劳动态度转化

对待劳动有两种截然不同的态度：一种把劳动当成单调机械而又乏味的事情，在劳动期间度日如年、满腹牢骚；另一种将劳动看成不断提高自己的素质修养、实现自己人生价值的途径，在劳动中充满激情、感受到乐趣。之所以在劳动时心境有如此大的差别，究其根本就是态度决定的。态度决定一切，有什么样的心态就决定了如何劳动，最终的劳动回报也必然是因人而异[6]。

（一）劳动能够让自己得到充实和提高

刚从事劳动时，我们对于劳动并不是很了解，仅凭以前在课本上所学的知识，并不足以样样称心如意，有时一些不起眼的小错误往往会导致劳动结晶的毁灭。为了能够更好地完成劳动，一方面要学习前辈的经验，另一方面还需要通过看书拓宽知识面，不断充实与劳动有关的知识。通过这个从一窍不通到得心应手的转变，我们每一个人都能得到非常大的提高。熟能生巧，在劳动中学习，将所学运用到劳动中，能够在提高我们自身各方面素质的同时，增加我们的阅历，提升我们的交往能力。

（二）劳动就意味着机会

社会学家帕累托的"精英循环理论"告诉我们每个人都有走向神坛成为精英的可能，但是在这个过程中，你还需要具备很多的条件。劳动带给个人的远不是简单的素质提高，还意味着将拥有更多的机会。有才能的人很多，但未必每一个人都能够成为精英，在这个过程中最重要的就是机遇。在劳动中遇到的每一个问题都是挑战，更是机遇。所以在劳动中，要学会主动，以一种积极的劳动态度去对待劳动，主动去担负起更多的任务，尽自己所能去参加各类活动，在锻炼自己的同时，不放过身边的每一个机会[13]。

（三）劳动能改变自己的生活态度

良好的劳动态度，影响的不仅仅是自己的劳动效果，还会改变自己对生活的态度。"两学一做，学是基础，做是关键。"实践是检验真理的唯一标准。"善道致远，道行天下"，美好的未来只能用双手去创造。

> **拓展阅读**
>
> ### 帕累托的"精英循环理论"
>
> 精英循环也称为"精英循环理论"，是一种从实证主义角度出发，理解并解释政治以及社会历史发展的理论。精英循环理论者根据人类政治实践经验，提出在实际的政治生活中，对社会进行统治的并不是多数人而是那些总能通过民主程序转变成政治精英的一小部分人，他们在智力、知识、眼界、技能等方面都优于常人，由他们代替大众统治整个社会，不仅能够对社会的发展产生重要的影响，还能决定社会政治性质及发展方向。19世纪末20世纪初，作为精英主义鼻祖之一的帕累托提出了"精英

循环理论"为精英主义确立了较为明确的理论框架，奠定了该学派的理论基础，并对后世思想家米歇尔斯、熊彼特理论的提出奠定了思想基础。

帕累托认为，精英就是坚强果敢、精力旺盛、能力超群的人，是强者，是权势的代表，而出身、财富和知识是构成政治精英产生的基础，并认为"精英"的含义有广义和狭义之分。广义的精英是指那些在人类活动的各个领域里取得突出成绩的人，如君主、律师、大盗等。狭义的精英是指成功者中执行政治或社会领导职能的一少部分人，这些人少数的统治者就是精英，如部长、参议员、众议员、上诉法院院长、将军等[13]。

帕累托的精英理论过度夸大了精英本身的作用，但也存在许多可取之处。研究精英理论，通过对其内容进行分析，取其精华，弃其糟粕，可对现代政治中的政党制度、政治体制、政治制度、社会动员和参与进行分析。通过不断扩充精英循环的渠道，建立科学合理的机制，以保证精英循环畅通，给"底层精英"以通畅的上升通道，为全社会的人才选择与录用提供思路，实现"人尽其才"，使每个人的聪明才智都能得到充分的发挥。

三、授渔传递：劳动知识储备

作为当代学生，我们深知学习是一件挺不容易的事情。对于许多学生而言，我们进入学校不仅仅是需要获取知识，更是希望在获取知识的过程中，通过不断提升自己，努力成为对国家、对社会、对人民有用的人。教师就是这样的人，他们不仅教会了我们读书、识字、学习基础知识，而且教会了我们如何看待人生、如何全面提升自己，更教会了我们怎样做人。我国的教师，正是"授人以鱼不如授人以渔"的最好践行者。在他们身上，我们能够看到非常多的优秀品质。

因此，当我们进入学校之后，我们深刻明白了自己进入学校不仅仅是要获取知识，更是实现人生自我价值的一个体现。人生的道路有很多条，为什么我们会选择进入学校求学这条道路？正是因为进入学校，我们能够学习如何做人、如何做事。

如今我们看到许多学生不顾自身安危与邪恶做斗争、英勇救助需要帮助的人、参加无偿的社会实践，这正是学校所教给他们奉献精神的体现。以上学生的种种行为，都是"授人以鱼不如授人以渔"的最好示范；学习劳动技能、储备劳动知识是授人以渔的客体体现。

笔记：

> **Get小技能**
>
> **劳动技能养成技巧**
>
> 如果你想快速学习一个技能，最好的方法就是模仿。如何正确地模仿？
>
> **1. 选择合适的模仿对象**
>
> 首先，根据学习目标来选择模仿对象。如果你刚开始学画画，那么一开始你不应该选择模仿达·芬奇的画作，因为差距过大，你应该根据你短期内想达到的目标来选择模仿对象。
>
> 其次，要和你自身的资源相匹配。拿日本足球举例子，为什么早期的日本足协模仿巴西而不是德国和意大利这些欧洲强国呢？因为亚洲人普遍身材羸弱、身体条件不够好，而欧洲强队的技战术很大程度上依赖于他们优异的身体素质，即使日本人学到了欧洲先进的足球技术，也无法将战术贯彻好；相反，巴西队的战术不太依赖于强壮的身体条件，所以这是非常适合日本人来进行模仿学习的。
>
> **2. 模仿结构**
>
> 模仿并不是说要模仿得一模一样，模仿的关键是模仿对方的结构。
>
> 例如你刚开始学习写作，要练习句子，你看到某个句子写得很好，就思考为什么写得这么好，可能是这个句子使用了某个结构，你模仿的应该是如何利用这个结构写出自己的句子，模仿多了，下次你创造的时候自然就信手拈来。再比如你模仿一张好的照片，你应该模仿的是对方的构图和意图，而不是对简单色彩和元素的模仿。
>
> **3. 模仿你不擅长的地方**
>
> 正如刻意练习中强调的那样，我们要始终在学习区内进行练习，因此一定要模仿那些你不擅长的地方，进行刻意练习。一旦你发现某个环节非常熟练，那么就需要调整，或是提升难度或是换个环节来进行练习。

四、实践自觉：劳动技能养成

劳动技能教育是教育学生，帮助学生学会基本的劳动技能的教育；劳动技能教育的目的是培养多样化的高质量劳动者，为社会输送所需的各类人才。掌握相应的专业技能仍然是当今社会的需要，学校对学生进行劳动教育基本上以劳动技能教育为主。通过对相关资料进行查阅，发现目前我国学校中的劳动技能教育形式主要有以下两种：一种是劳动教育结合校内的专业课，主要表现为让学生通过自己动手来制作完成课程设计、毕业设计、见习等来增长学生的劳动技能；另一种是结合校外的劳动实践活动促进学生劳动技能的提升，主要形式有社会公益活动、社会生产劳动和其他的社会实践类活动[3]。

学生在学习新东西的过程中，最缺乏的是毅力，在劳动的过程中也是如此。我们不仅要教学生如何进行劳动，还要培养他们把劳动变成一种习惯，教他们做事有始有终。伟大的科学家爱因斯坦说过："兴趣是最好的老师"。要养成热爱劳动的习惯，首先要感受劳动的乐趣、喜欢劳动、积极参与劳动，而不是让父母或老师督促他们去进行劳动。如果他们在劳动过程中遇到困难，想要退缩，我们应该帮助并引导他们找到解决困难的方法，让他们认识到困难和挫折并不可怕，培养他们迎难而上的精神；让他们认识到只要不断总结经验，继续前进，就能走向成功。如果他们能解决劳动中遇到的困难，他们就会感受到劳动带来的乐趣，从而喜欢劳动。只有热爱劳动才能主动参与劳动，只有主动参与劳动才能养成劳动习惯。在新世纪的教育事业中，我们不仅需要培养知识丰富的人才，更重要的是培养不怕苦、不怕累、有艰苦奋斗精神的劳动者。

拓展阅读

克洛克的劳动故事

克洛克的家境并不富裕，他下课后去一家快餐店打工。起初老板安排他专门擦桌子，他毫无干劲儿，当天就溜回了家。

克洛克向父亲诉苦："我的理想是做老板，不是擦桌子。"父亲没有反驳他，而是叫他先把自家的餐桌擦干净。克洛克拿来毛巾，在桌子上随意擦了一遍，然后看着父亲，等他验收。

父亲拿来一块崭新的白毛巾，在桌面上轻轻擦拭了一下，洁白的毛巾立即脏了，分外刺眼。父亲指着桌子说："孩子，擦桌子是很简单的活儿。但是你连桌子都擦不干净，还能做好什么，凭什么做老板？"克洛克羞愧难当。

克洛克回到了快餐店，他谨记父亲的教诲，每次擦桌子都要准备5条毛巾，依次擦5遍，而且每次都顺着同一个方向擦，为的是不让毛巾重复污染桌面。

最终，克洛克得到老板赏识留了下来，并接管了那家快餐店，做了老板。10年后，他创立了自己的麦当劳。

（资料来源：魏亮.克洛克：世界快餐巨人先从擦桌子开始[J].智慧中国，2016（11）.

实践活动

"从'蓝天救援队'看新时代劳动教育"主题作文

"蓝天救援队"成立于2007年,是中国专业、独立的公益性应急救援组织,它的资金来源主要为政府对紧急救援服务的行政采购、社会捐赠等,日常救援活动的物资由志愿者自己承担。近年来的许多大型救援活动(如2023年援助土耳其抗震救灾,2023年7月我国北方地区抗洪救援等)都有他们的身影。

请以"从'蓝天救援队'看新时代劳动教育"为主题,结合近年来社会各界的正能量事迹写一份主题作文(不少于800字)。

1. 过程记录
(1)写作的难点:_____
(2)写作的关键点:_____
(3)我的写作思路:_____
(4)我的观点:_____

2. 结果评价

教师可参考表3-1对学生的主题作文进行评价。

表3-1 主题作文评价表

评价标准	评价细则	分值	分数小计	教师评价
立意主题	主题明确,内容具体	30分		
结构	结构严谨,条理清晰	20分		
语言规范	有叙有议,叙议结合	25分		
情感表达	感情真实	25分		

项目四
见微知著：扣紧家务劳动的扣子

素质目标

（1）在家庭生活中做起居秩序的维护者，自觉操持家务。
（2）树立一定的家庭理财、健康管理意识。
（3）培养良好的穿衣搭配品味。

知识目标

（1）掌握衣着服饰相关的家务劳动知识和技能。
（2）对独特的中国饮食文化有所了解。

技能目标

（1）掌握烹饪的基础知识和安全防范知识。
（2）掌握一定的日常维修技能。

项目简介

没有体验过劳动，没有经历过实践和磨炼的孩子，往往认识不到劳动成果的来之不易；有许多不良的道德、心理品质，要找到根源，大抵都可以直接或间接地从缺少劳动教育中分析。因此，加强孩子的劳动教育，不是一家一户的问题，它关系到我们国家的前途和命运，绝不可掉以轻心。

案例导入

家务劳动是家庭关系的调味剂

张明和李娟是一对普通夫妻，他们有两个孩子，大儿子叫小明，小女儿叫小芳。平时张明和李娟都非常忙碌，工作压力大，但他们意识到家务劳动对孩子的成长和家庭的和谐非常重要。于是，他们决定让孩子们分担一些家务，让他们从小就学会独立生活和承担责任。

每天晚饭后，小明负责收拾餐桌和洗碗，小芳则负责整理客厅和打扫卫生。爸爸妈妈会在旁边指导和监督，确保任务完

笔记：

成得干净整齐。

刚开始时，小明和小芳都觉得家务劳动很烦琐，不愿意做。但张明和李娟耐心地解释，告诉他们家务劳动是每个家庭成员的责任，也是培养他们独立能力和生活技能的一种方式。他们还鼓励孩子们参与决策，让他们有责任感和主动性。

随着时间的推移，小明和小芳逐渐理解了家务劳动的重要性。他们开始主动帮忙做家务，而不再抱怨。他们发现，通过家务劳动自己学会了整理和清洁的技巧，也培养了自己的耐心和细致的态度。同时，他们还发现，当家庭中的每个人都尽自己的责任时，家庭更加和谐，大家的生活质量也提高了。

除了家务劳动，张明和李娟还鼓励孩子们参与一些社区志愿活动，如清洁公园、帮助邻居等。通过参与社区服务，孩子们学会了关爱他人和具备奉献精神，培养了他们的社会责任感。

注重家务劳动的教育，可以让孩子从小学会独立生活和承担责任。通过家务劳动，他们不仅获得了实际技能，还培养了良好的生活态度和价值观。这种家庭劳动教育不仅有益于孩子们的成长，也促进了家庭的和谐幸福。

想一想：

（1）你家里的家务劳动一般是谁来做呢？你在家中会与家人一起参与家务劳动吗？

（2）你喜欢做家务吗？你觉得有必要帮父母做家务吗，为什么？

工作任务

任务一 衣之有形

中国有古老的谚语："人靠衣装，佛靠金装"。社会交往过程中，人的仪表与着装往往决定着别人对你的印象，仪表与着装会影响别人对你专业技能及综合素质的判断。

4-1 微课

一、洗衣必备常识

（一）去除衣服上的污渍

1. 火锅油渍[14]

挤一点牙膏涂抹在油渍上并用水浸润，搓揉油渍。等白色泡沫覆盖整片油渍区域后用水清洗干净，届时油渍会完全消失，并且衣物上会有牙膏的清香味。

2. 酱油渍

先将衣物用水浸湿，在污渍处撒上白糖或者苏打粉，直接搓洗、漂净。

3. 笔印

将牛奶倒在笔迹污渍处，沾点儿水揉搓。

4. 油漆

沾了油漆的衣物可将香水喷在污渍上轻轻揉搓，再用清水漂洗。如果衣服上沾的是水溶性漆及家用内墙涂料则比较好处理，及时用水一洗即掉。

5. 染色

将被染色的衣物放置在洗衣机里用温水进行漂洗，加入84消毒液，半缸水加大约1/3瓶消毒液，漂洗大约25分钟晾干即可。

6. 新衣服不掉色

新衣服用盐水浸泡（1桶水1小匙盐），不要泡太久，用清水漂洗干净放在阴凉通风处晾干即可。

7. 血迹

首要原则，不能用热水。先用冷水或淡盐水洗，再用肥皂或10%的碘化钾溶液清洗。最简单的方法是用加酶洗衣粉清洗。若沾染时间长难以洗净，可用10%的氨水或3%的过氧化氢擦拭污处，过一会儿，再用冷水清洗。

8. 汗渍、泛黄的衣服

汗渍含有脂肪，容易在衣物纤维内凝结，可在洗涤时加入约2汤匙的氨水，浸泡几分钟后，搓洗一下，然后用清水洗净。

9. 各种果汁印

新渍可立即把食盐撒在污处，用手轻搓，用水润湿后浸入洗涤剂溶液中洗净；也可用温水搓，用肥皂强力洗除。重迹及陈迹可先刮去干迹，用温洗涤剂清洗。果酱可用水润湿后拿洗发香波刷洗，再用肥皂酒精液洗，用清水冲净。

10. 口红印

衣物上的口红印，可以用气泡式矿泉水或是调酒用的苏打水清洗，将它们倒在干净的布上再轻拍有印痕的地方。

拓展阅读

衣服干洗去污渍的原理

1. 溶解作用

溶解就是将液体或固体分散于另一种液体的总称。它是根据物质结构相似相溶原理，利用某些液体去溶解其他液体或某些固体的过程。利用此种原理，可以达到去除污渍的目的。例如，用酒精或四氯乙烯溶解不溶于水的油质污垢；用水溶解淀粉、糖类污渍等。

2. 乳化作用

利用表面活性剂类洗涤剂或皂液，通过润湿、渗透、分散、乳化等作用，使原来憎水性污渍变成亲水性污渍而溶解于水，加上适当的机械力，使洗涤剂或皂液产生大量泡沫，发挥其乳化作用，污渍随之脱离织物，达到去除污渍的作用。

3. 氧化、还原作用

氧化、还原作用是利用某些化学药剂与某些污渍产生化学反应而使污渍演变成无色状物或溶性物质的过程。例如，一般方法洗不掉的铁锈可用草酸溶液作处理剂与之反应，生成草酸亚铁，再一洗即可去除；又如某些色素污渍干洗时可利用氧化或还原反应，使之变成无色，从而达到去渍目的。

4. 分解作用

利用某类物质对另一类物质的特殊分解作用，使不易去掉的物质变成另一类易于去掉的物质，从而达到去渍的目的。例如，牛奶、汗渍、血渍等蛋白质类的陈旧污渍，利用碱性蛋白质、脂肪酶可将其消化分解成水溶性的可分散于水的氨基酸或多肽，从而达到去渍目的。

（二）常见面料的性质[15]

1. 麻

麻是一种植物纤维，吸湿性好，放湿也快，不易产生静电。热传导性好，能迅速散热，穿着凉爽，出汗后不贴身，较耐水洗，耐热性好。麻被誉为凉爽高贵的纤维。

2. 桑蚕丝

桑蚕丝是一种天然的动物蛋白质纤维，光滑柔软有光泽，穿上以后冬暖夏凉，摩擦时有独特的"丝鸣"现象，延伸性好，耐热性强；但不宜用含氯的漂白剂或洗涤剂清洗。

3. 醋酯纤维

醋酯纤维由含纤维素的天然材料经化学加工而成，穿着轻便舒适，弹性较好；但色牢度差，不宜水洗。

4. 涤纶

涤纶属于聚酯纤维，具有较好的弹性和回复性，面料挺括不易起皱，强度高，保形性好，比较耐穿并且有优良的耐光性能；但容易产生静电，吸尘吸湿性差。

5. 锦纶

锦纶属于聚酰胺纤维，即所谓的尼龙。其染色性在合成纤维里是比较好的，穿着轻便，防水防风性能较好，耐磨性高，强度弹性都很好。

6. 夏布

夏布是我国传统的纺织品，颜色洁白，光泽柔和，穿上时有清汗离体、舒适凉爽的特点。

7. 薄花呢

薄花呢质地轻薄、手感滑爽、穿着舒适，比较吸湿和透气。

8. 长毛绒

长毛绒也称海虎绒，绒毛平整挺立，保暖性好，绒面色泽明亮，触感柔和厚实，保暖又轻便。

9. 府绸

府绸质地细密、轻薄，布面柔软、滑爽、挺括，表面织纹清晰颗粒饱满，光泽莹润，质感好。

10. 卡其

卡其质地紧密，厚实，坚牢，挺括，织纹清晰且具有很好的耐磨性。

11. 牛津布

牛津布是一种特色棉织物，手感柔软、光泽自然，布料气孔多，穿着舒适，保形性好。

12. 灯芯绒

灯芯绒手感柔软，绒条圆直，纹路清晰，绒毛丰满，坚牢耐磨。

13. 山羊绒

山羊绒质地轻盈，又十分保暖，属于独特稀有的动物纤维，在国外有"纤维钻石""软黄金"之称。它具有柔软、纤细、滑糯、轻薄、富有弹性、吸湿性好、耐磨性好的特点。

14. 兔毛

兔毛比重小，保暖性好，富有弹性，且具有吸湿性强、柔软、保暖、美观等特征；但是它抱合力差，强力较低，易落毛。

15. 缎

缎具有质地细密柔软、表面光滑明亮、精致细腻的特点。

16. 真丝

真丝具有亮丽、高贵的特点。含真丝的织品，手感更滑爽，组织更密实，更富有光泽，有良好的弹性强度，吸湿性好，穿着透气、舒适。

17. 竹纤维

竹纤维是一种环保纤维。具有抗菌和防紫外线的特征，且透气强、织物悬垂、丝质滑爽、染色鲜艳、能除臭，并且反复洗晒也不失诸多功能。

18. 腈纶

腈纶俗称"人造羊毛"，柔软、保暖、强力好，表面平整，结构紧密，不易变形，水洗后缩水极小。

图 4-1 所示为常见面料。

图 4-1　常见面料

二、熨烫实用技巧

（一）熨烫的原则和顺序

熨烫的原则：先熨反面，再熨正面；先熨局部，再熨整体。[16]

上装的熨烫顺序是：分缝→贴边→门襟→口袋→后身→前身→肩袖→衣领。

裤装的熨烫顺序是：腰部→裤缝→裤脚→裤身。

衬衫的熨烫顺序是：分缝→袖子→领子→后身→小裆→门襟→前肩。

（二）毛衣、裤子、衣领、衬衫熨烫方法

1. 毛衣熨烫方法

毛衣，针织质料这一类的衣服直接用熨斗去熨烫会破坏组织的弹性，最好的方法是用蒸气熨斗喷水在皱褶处；如果皱得不是很厉害，也可以挂起来直接喷水在皱褶处水干后褶皱就能消失；还有一个方法是将其挂在浴室中，利用洗澡的热蒸气使其平顺。

2. 裤子熨烫方法

将裤子翻过来，口袋掀开，先熨烫裤裆附近，其次是口袋、裤角和布缝合处，接着熨烫正面，再是右脚内侧、右脚外侧、左脚内侧、左脚外侧，最后把两个裤角合起来修饰一番。

3. 衣领熨烫技巧

在熨烫领口部位时，注意不要拉开变形，最好是固定形状再加以熨烫；如果是有领片的，不要将领褶线烫死，只要在熨烫以后，趁它还是温热的，用手翻折轻压，这样子领片看起来会比较活。

4. 衬衫熨烫方法

衣领：将衣领正反两面拉平，从领尖向中间熨烫，对领背重复刚才的动作，再将衣领从线缝处折叠后熨烫，对其定型，趁热再用手指把衣领捻成弧形，把折后衣领的中间部位烫牢，衣领的立体感即刻呈现出来。

袖口：将衬衫的前襟合上，背面向上平铺在熨案上，把两袖的背面分别烫平后再熨烫袖口；最后翻过来把两袖的前面熨烫平。

袖管：把袖管平铺在熨案上，对准袖管中间接缝处拉平，来回烫平即可。

前片和后背：左手拉住衬衫门襟最上方，右手用熨斗从下摆至托肩一次烫平。注意一定要铺平熨烫。

（三）熨烫衣服小贴士

（1）要熨烫的衣服最好不要晾晒得太干；如果衣服太干，熨烫前则需放在光滑的板面上均匀喷水，或在衣服上铺垫拧干的湿布。

（2）如果衣服上有小霉点，可用含醋的水洗刷干净后再熨烫。

（3）准备一块方形纯棉布作为垫布，因为直接用熨斗在衣服表面熨烫，时间长了会发亮、发白。

（4）要顺衣料的纹线熨烫；如遇斜剪的衣料，亦应顺纹而熨烫。

（5）一般情况下，熨衣时先熨反面，后熨正面；先熨厚的，后熨薄的；先熨尼龙，后熨棉麻。

（6）雪纺纱之类较薄细的质料，需使用较低温熨烫，熨烫时不可太用力，以免弄破。

（7）如果衣物的皱褶太深，不易烫平，可在上面喷洒一些稀释的白醋后再熨烫，就很容易烫平，而无须反复熨烫损坏面料。

（8）熨烫女士衣物时，可先喷洒几滴香水，熨烫后衣服会散发幽香。

（9）如果熨斗使用时不太平滑，可用旧棉布包些蜡烛碎片摩擦熨斗底部。

（10）衣物熨烫完毕后不宜马上打包或收进衣橱，应立即悬挂起来，散掉潮热气，保持挺括，减少发霉生臭的可能。

（四）如何正确使用熨斗

（1）家庭用熨斗通常选用蒸汽熨斗。如果是涤的或丝绸的需用低温，最好用棉布盖着熨，以免将衣物烫坏。

（2）在开通电源熨烫时，要注意观察熨烫效果及面料的气味及颜色的变化（特别是天然纤维面料织物）。稍有变化，应立即切断电源，在继续熨烫过程中发现温度不够时，再次接通电源。

（3）如果用的是非蒸汽熨斗，要想保护衣物，可在衣物上垫湿水布熨烫。由于要使水分化为蒸汽，因此温度下降很快，这时需放慢熨烫速度，可先轻后重，使水分蒸发扩散均匀、温度分布均匀。

（4）使用调温电熨斗，应掌握熨斗核定的各种纤维档次的熨烫温度，因为它是根据纤维最基本的保险系数制定的，用这个温度根本熨烫不平衣物。所以熨烫过程中，最好在该纤维熨烫温度的基础上再提高一个档次，如有必要还可调到更高的档次。

（5）掌握织物熨烫的温度，具体如表4-1所示。

表4-1 常见织物熨烫温度

织物类型	熨烫温度/℃
毛织物（薄呢）	120
毛织物（厚呢）	200
棉织物	160～180
丝织物	120
麻织物	<100
涤纶织物	130
锦纶织物	100
涤棉或涤粘混纺织物	150
涤毛混纺织物	150
涤腈混纺织物	140
化纤仿丝绸	130
纤维棉混纺织物	100（宜干烫）

拓展阅读

夏 布[17]

夏布（手工艺品）一般指手工织麻布。手工织麻布是历史悠久的传统纺织品。说起手工织麻布，许多上了年纪的人肯定不会陌生。然而，随着时代的变迁，织麻已经离人们的生活越来越远。而在揭西县塔头镇的乡村，这一种传统工艺不仅没有消失，还成了许多村民的主要收入来源。随着人们纺织技术的提高，以前用作衣裳的麻布已经分成了不同的种类，作用也更广了。

据了解，在岐山坪村，几乎每家每户都有人在织麻布，都是沿用历史纺织工艺，大家使用的都是木制织麻机，一般都有几十年或上百年的历史。

岐山坪村干部吴葵生介绍，这里出产的麻布主要用于农村的丧事，最疏的用于晒紫菜，包装铁钉也是用这个。现主要销往我国的汕头澄海、潮州、福建、香港和台湾地区及东南亚等地，经济利益还算可以。岐山坪村是塔头镇织麻布规模最大的村，都是村民自产自销，各家各户按自己的能力去经营。

不过，随着观念和社会的变化，岐山坪村从事织麻的村民越来越少了。一般都是年龄较大的人在做这个，年轻人从事织麻的比较少，因为织麻布工序复杂，许多年轻人都不愿意学。这一传统工艺给村民的生活带来质的飞跃，织麻这一古老工艺正在焕发勃勃生机。有业内人士建议，既然市场需求旺盛，如果相关部门能从打造产业的角度来开发麻布销路，相信对于发展当地经济和提高村民收入都会有现实意义的。

三、针线拿手绝活

针线活是指使用针和线进行手工缝制、修补或装饰的活动。这种活动通常涉及修补衣物、制作手工艺品、刺绣等。针线活可以是一种实用的技能，也可以是一种艺术形式。人们可以通过针线活来修复破损的衣物，为服装添加装饰，或者创造出独特的手工艺品。针线活也可以是一种放松和缓解压力的方式，许多人将其作为一种爱好来进行。无论是简单的缝补还是复杂的刺绣，针线活都可以带来乐趣和满足感。

（一）常见的针法

1. 平针

平针是最常用最简单的一种手缝方法，通常用来做一些不需要很牢固的缝合，也用来做褶裥、缩口等（图4-2）。平针可以一次多挑几针再一起拉紧线头，一般是连缝两三针再拉线头。平针适用于布块拼接，针脚距离一般保持在0.5厘米。

在汉服里平针又称拱针，正面针迹较细短且排列整齐，既可装饰衣边，又可加固衣缝。

2. 疏缝、假缝

疏缝、假缝针法与平针一样，但针距较大，通常用来做正式缝合前的粗略固定，以便下一步的缝合，其作用类似于珠针。

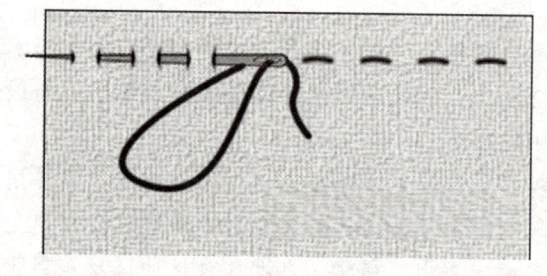

图 4-2　平针

3. 回针、倒针

回针是一种针尖后退式的缝法（图 4-3），这是类似于机缝而且最牢固的一种针法，可以用来缝合拉链、裤裆、袖口、包包等牢固度要求较高的地方。这种缝法也适用于布块拼接，在布玩偶中比较常用。它是为了防止面料开线，在起针或者终止以及希望缝得结实时所使用的方法。回缝有返回到前一个针眼的全回缝，还有返回到前一个针距一半的半回缝。

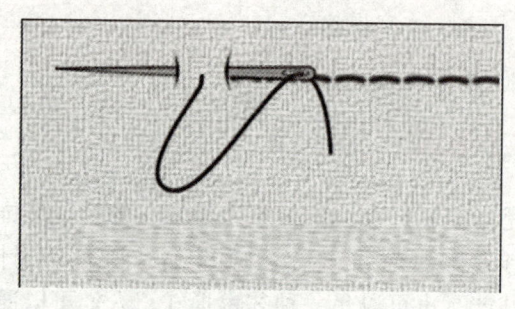

图 4-3　针尖后退式针法

回针、半回针和倒扎针缝法如图 4-4 所示（多用于缝制拉链）。

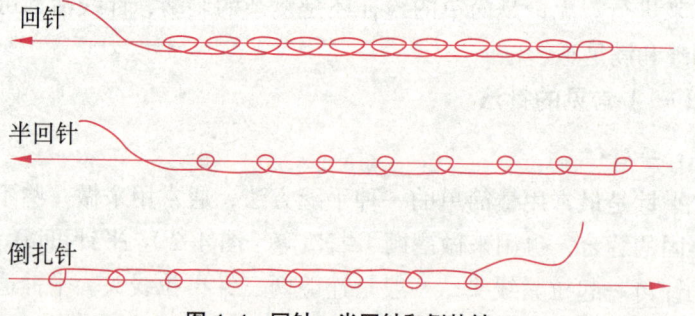

回针

半回针

倒扎针

图 4-4　回针、半回针和倒扎针

在汉服里倒针又称回针。此针法为先向前运一针（约 0.6 厘米），然后倒退半针（约 0.3 厘米），依此类推。它多用于易受力部位，如拉链、腋下等处。

4. 假双线针法

假双线针法是通过将两根线穿过针眼，然后一起使用，形成一种双线的效果。使用这种针法可以增加缝合的强度和耐久性，特别适用于需要更牢固的缝合的项目。

5. 锁边针法

锁边针法常用于防止织物边缘起毛边。将针从织物的边缘穿过，然后从织物的内部穿回来（图4-5），形成一种锁定的效果。这种针法可以防止织物边缘的松散纤维松脱。

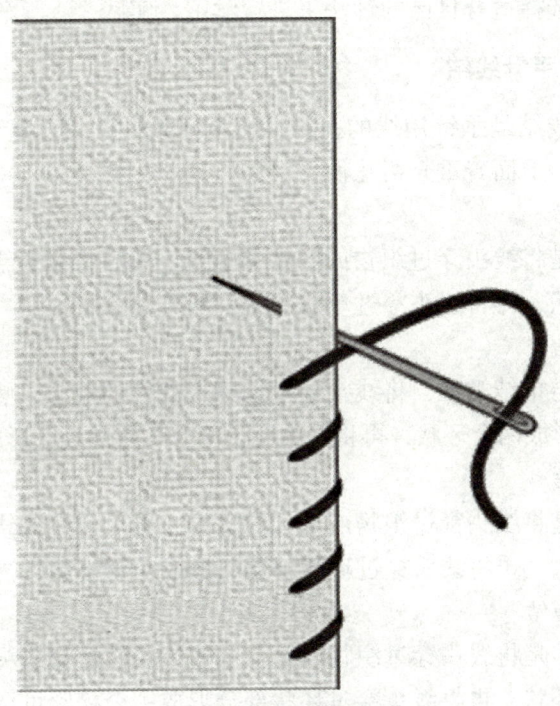

图4-5 锁边缝法

6. 藏针法

藏针法是一种用来连接两个织物或缝合织物的方法，使针线在最终成品中几乎不可见。

藏针的步骤是首先将两个需要连接的织物放在一起，使它们的边缘对齐。然后从其中一个织物的底部穿过针，使针尽量靠近边缘。再将针穿过另一个织物的底部，再穿回第一个织物的底部，形成一个小的循环。最后将针从第一个织物的顶部穿过，并再次穿回第一个织物的底部，形成一个隐藏的针迹。然后重复以上步骤，直到完成连接或缝合。

通过藏针的技巧，可以使针线在最终成品中几乎不可见，从而达到更加美观和精细的效果。这种针法常用于制作服装、家居用品等需要保持外观整洁情况。

7. 立针

立针又叫贴布缝或直缲，不同的名称解释了立针不同的使用场景，它可以在贴布缝合或者缲边（如滚边条）时使用。立针的针法很简单，在底下一层布入针，再同时穿过所有的布层出针，出针的位置尽量靠近上层折边边缘，以确保针迹不会太明显。而且再次入针的位置要和前一次出针位置处于一条水平直线上。

此外，还有绕线针法、套结针法、一字针法、倒勾针法等，针线活是一门非常有创造性和实用性的艺术，可以根据个人的喜好和技能水平选择适合自己的针法来进行学习、实践。

（二）手针线结

手针线结是手针用线的打结，多用于线的连接、起针和止针，方法较多，下面着重介绍几种。

1. 单结

单结是将线头穿过织物或部件的边缘，然后将线头绕过自身形成一个环状，再将线头穿过环状部分，形成一个结。

2. 双结

双结与单结类似，将线头穿过织物或部件的边缘，然后将线头绕过自身形成两个环状，再将线头穿过两个环状部分，形成一个结。

3. 滑结

滑结是将线头穿过织物或部件的边缘，然后将线头绕过自身形成一个环状，再将线头穿过环状部分，形成一个松紧可调的结。

4. 线扣结

线扣结是将线头穿过织物或部件的边缘，然后将线头绕过自身形成一个环状，再将线头穿过环状部分形成一个松紧可调的结，然后将线头穿过环状部分形成一个固定的结。

这些结线方法都有各自的特点和适用场景，可以根据具体的需求和项目选择合适的结线方法。在实际操作中，可以根据个人的喜好和习惯选择最方便和有效的方法。

（三）学习针线活的意义

随着科技创新和技术变革，针线活似乎离我们的日常生活越来越远了，那为什么还要学习针线技能呢？其实学习针线活不仅能掌握一项手工技能，解决生活中的小问题，更重要的是意义在于锻炼了学生的动手能力，陶冶了情操，也学习到了优秀的传统文化，同时学生在做针线活的时候也会感受到一针一线的不容易，也能体会到自己动手丰衣足食的乐趣。具体的意义有以下几点。

1. 培养实用技能

学习针线活可以培养学生的实用技能，使他们能够独立完成一些简单的缝纫和修补任务。这对于日常生活中的衣物维修、家居装饰等都非常有帮助。

2. 提高动手能力

针线活需要细致的操作和精确的手眼协调能力。通过学习针线活，学生可以提高他们的动手能力和手工技巧，培养他们的观察力、耐心和细致的工作态度。

3. 培养创造力和想象力

在针线活中，学生可以发挥自己的创造力和想象力，设计和制作自己喜欢的手工作品。这可以激发他们的创造力，培养他们的艺术审美和手工制作能力。

4. 培养经济意识

学习针线活可以培养学生的经济意识，让他们明白修补和改造衣物比购买新的衣物更经济实惠。这可以培养他们的节约意识和理财能力。

5. 增强自信心

通过学习针线活，学生可以逐渐掌握一项技能，并能够制作出自己满意的作品。这可以增强他们的自信心，相信自己可以通过努力和坚持取得成果。

6. 培养环保意识

针线活可以促进环保意识的培养。通过修补和改造衣物，可以减少对环境的负面影响，延长衣物的使用寿命，减少浪费和消费。

7. 传承传统文化

针线活是传统的手工艺之一，通过学习针线活，可以让学生了解和传承传统文化。这有助于培养学生对传统文化的尊重和热爱，增强他们的文化自信心。

总的来说，学生学习针线活具有多重意义，不仅可以培养学生的实用技能和动手能力，还可以培养他们的创造力、经济意识和团队合作精神。这些技能和品质对于学生的综合素质发展和未来的生活和工作都非常有益处。

知识链接

中国四大名绣

我国的四大名绣是指粤绣、苏绣、蜀绣、湘绣。

苏绣：以苏州为中心包括江苏地区刺绣品的总称，苏绣作品的主要艺术特点为：山水能分远近之趣；楼阁具现深邃之体，人物能有瞻眺生动之情；花鸟能报绰约亲昵之态。苏绣的仿画绣、写真绣，其逼真的艺术效果是名满天下的。"平、齐、细、密、匀、顺、和、光"八个字是它的绝佳写照。

粤绣：广东地区刺绣品的总称。主要有衣饰、挂屏、裕链、屏心、团扇、扇套等绣品。在艺术上，粤绣构图繁密热闹，色彩富丽夺目，施针简约，绣线较粗且松，针脚长短参差，针纹重叠微凸。常以凤凰、牡丹、松鹤、猿、鹿以及鸡、鹅为题材。粤绣的另一类名品是钉金绣，金碧辉煌，气魄浑厚。

蜀绣：亦称"川绣"，指以成都为代表的四川刺绣。蜀绣的纯观赏品相对较少，以日用品居多，取材多数是花鸟虫鱼、民间吉语和传统纹饰等，颇具喜庆色彩，绣制在被面、枕套、衣、鞋及画屏。蜀绣用针工整、平齐光亮、丝路清晰、不加代笔，花纹边缘如同刀切一般齐整，色彩鲜丽。

湘绣：以湖南长沙为中心的刺绣产品的总称。湘乡的特点是用丝绒线绣花，其实是将绒丝在溶液中进行处理，防止起毛，这种绣品当地称作"羊毛细绣"。湘绣也多以国画为题材，形态生动逼真，风格豪放，曾有"绣花花生香，绣鸟能听声，绣虎能奔跑，绣人能传神"的美誉。

（资料来源：王丹．中国四大名绣[J]．人民日报海外版，2005-09-26）

四、收纳操作指南

收纳做好了，平时整理就轻松多了。[18]

（一）物品分类

我们生活中使用的物品很多，根据物品的使用频率将物品分成四类（图4-6）。

1. 以摆台为例的装饰品

这种物品指除了摆设装饰没有其他功能的物品。这种类型的物品一般占家中物品的1%~2%。摆在一个地方，不会经常使用，所以这类物品也是最好收纳的，即摆在一个固定的位置不用去动它。

2. 以碗筷为例的常用品

家中的碗筷我们会经常使用，一般会放在橱柜里的第一层抽屉中，使用时只需要拉开抽屉—拿出碗—关上抽屉三步。

如果放在最下面的抽屉中，就需要蹲下—拉开抽屉—拿出碗—关上抽屉—站起来五步。

放在下层的抽屉中，还会增加我们整理的步骤，也会带来很多不方便。所以类似于碗筷这种常用物品，要放在可以很快很容易拿到的地方。

这种经常使用的物品，在家庭物品中占53%~57%。这类物品使用频率高，需要放在固定的位置，使用结束后需要放回原处。这类物品从开始拿到使用最好不要超过三个动作。

图 4-6 物品分类

3. 以行李箱为例的不常用品

行李箱的使用频率很低，平时可以把它放在柜子的顶层或底层，需要时再拿出来。

4. 以钥匙为例的随手物品

进入玄关我们一般会看到：家中的钥匙、第二天要穿的衣服、刚刚取回来还来不及拆的快递，等等。这一类物品在家中占比不低，但是很少有人给这些物品准备专门的收纳位置。

这类物品占家中物品的 5% 左右，不需要固定的收纳空间，就是需要随手找个地方暂时放一下。

很多人家中看上去乱，有部分原因是因为没有给随手放的物品准备地方。这类物品的收纳也不要超过三个动作。

（二）物品分类放

不同的物品应该放在不同的区域。一般来说，0.6～1.7m 是我们可以不用弯腰、踮脚就可以轻松使用的地方，一般把常用的物品放在这个位置。不常用物品，根据使用频次依次向上下延伸（图 4-7）。

（三）"面"是很好的收纳空间

我们生活中有很多"面"的存在，如桌面、柜面、茶几面等。这些面是我们最方便使用的地方，而且这些"面"本身就是很好的收纳平台。要根据物品的特性、根据不同的高度来分别收纳（图 4-8）。

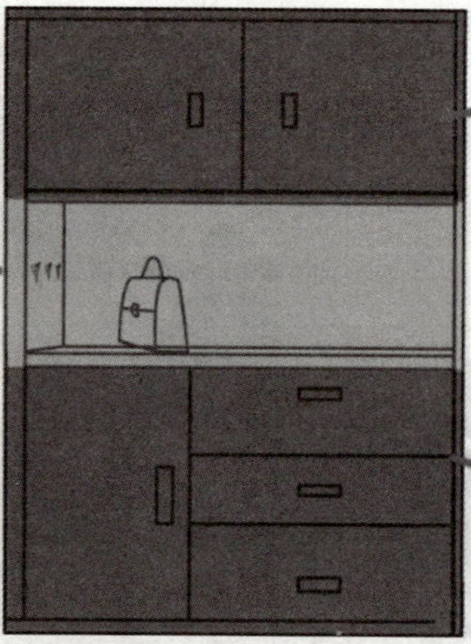

图 4-7 物品分类区域示意图

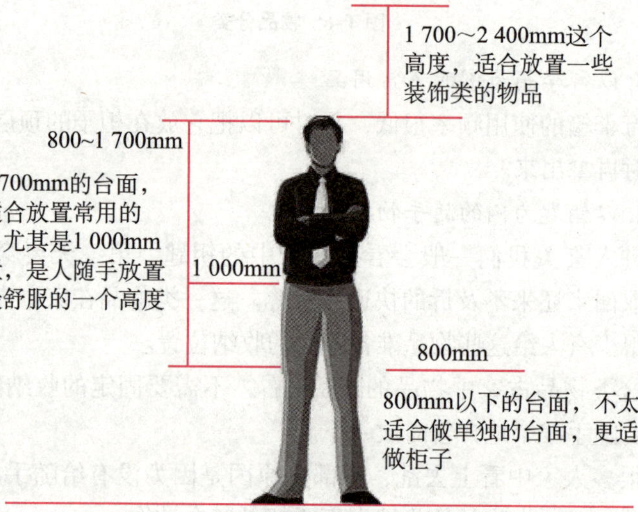

图 4-8 不同高度物品种类放置示意图

800mm 以下的台面更适合作为储物柜。800~1 700mm 这个位置从下至上，根据使用频率放置，使用最频繁的物品放在最下面；1 200~1 300mm 往上，放置使用频率稍低的物品。1 700mm 往上高度的台面，可以纯做展示用，放一些装饰品。

人放置物品最方便的高度是在 1m 左右，可以把一些常用的物品摆放在这个高度。放置在胸部以上高度的物品，要拿取下来就得抬高肘部了，看起来微不足道的动作，牵动的肌肉其实有很多；如果手抬起的幅度更高，就会更费力。

（四）收纳建议

（1）为随手放置的物品准备一些台面。如玄关处，刚进门时要放快递、钥匙、包包等物品，一定得有可以临时放置它们的地方。

可以在定制高柜时，预留出一片台面。这样快递、钥匙、包都有了放置的地方（图4-9）。

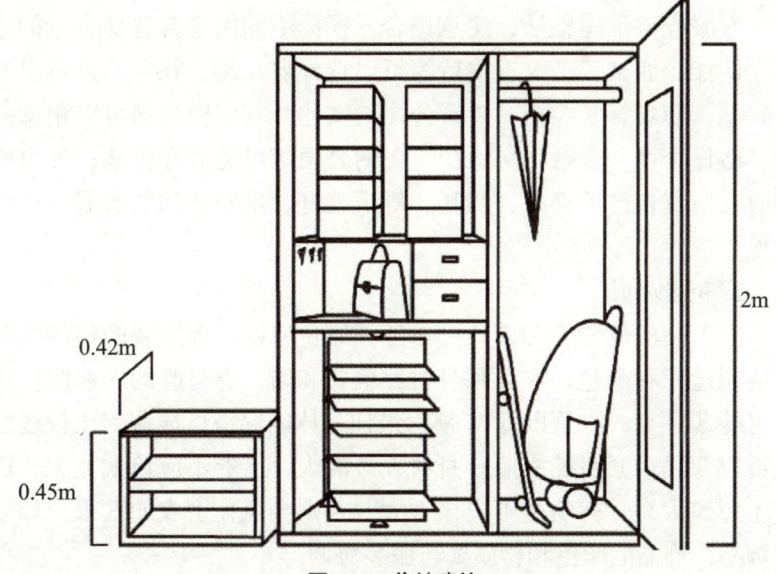

图4-9 收纳建议

（2）玄关和卧室多准备挂钩。我们回到家中，进入玄关换一次衣服；进入卧室换睡衣；洗澡的时候换一次衣服。所以要在玄关、卧室等地准备一些挂钩，便于衣物、配饰、随身物品的收纳。

（3）平台上的物品可以把杂物尽量摆放整齐，每个物件都放置在固定的位置。购买统一的收纳装置或者选择协调统一的配色，这样从视觉上看起来会更整洁。对于那些小件物品，可以使用托盘、收纳盒等集中存放而不是各自摆放散落各处。

五、穿衣搭配建议[19]

（一）合理穿衣搭配的重要性

一套得体的服装胜过千言万语的表达。合理的穿搭不仅能提升个人的整体形象，更能增强个人自信，提升职业竞争力。着装有三个层次，第一个层次是要和谐，即整体看上去大方得体，没有违和感；第二个层次是美感，俗话说得好，"人靠衣装马靠鞍"，穿衣搭配的目的是为了美观，展现自我的独特魅力；第三个层次是个性，在合适的前提下，可合理利用款式、面料、色彩的搭配彰显个性。这三个层次仅靠服装本身几乎是无法完成的，需要合理的搭配，越高的着装层次越需要借用搭配来完成。搭配通常有三个方面：一是各类服装之间的搭配比如上装与下装的搭配，内装与外装的搭配等；二是饰品与服装的搭配；三是服装的色彩搭配。

（二）穿衣搭配基本原则

1. 注意场合

衣服应该干净整洁，注意场合，根据不同的场合选择合适的服装。例如：面试、会议、主持等可以选择着正装、礼服，显得更有仪式感；职场日常穿搭，要看公司的文化，互联网公司可以稍微随意，凸显个性，金融、房地产、咨询公司等可能要穿正装；外出旅游时，根据自己的喜好，漂亮、舒适就好，推荐休闲的衣服，可以放松心情。

2. 和谐原则

上下装的色彩要和谐，可参考三原色原则，即服装的整体搭配不应超过三种颜色；衣服跟身材比例要和谐，身材胖的人衣服应该尽可能薄一点，衣领以低V领为最佳，休闲穿搭可显瘦；比较瘦的人可以穿稍微紧身的衣服；身材较矮的人，上衣不应该太宽大，裤子不应该太短，裤腿也不应该太大，否则会盖住上衣的效果；如果有饰品，饰品的颜色和材质要与服装协调。

3. 个性原则

穿衣应符合自己的年龄、性格、气质、职业。

拓展阅读

职业女装的穿搭

职业女装的穿搭应该注重配色。职业女性穿职业服装的地方是办公室。低色调可以让人专心工作，冷静地处理各种问题，营造一种安静的氛围。职场的办公环境大多是室内的，空间有限。人们总是想得到更多的私人空间。穿着低纯度的颜色会增加人与人之间的距离，减少压迫感。

同时，浅色的衣服更容易与其他颜色协调，使人从视觉和心理上产生舒适感，增加人与人之间的和谐感，有利于团队成员之间更好地沟通与合作。可以利用低纯度色彩易于搭配的特点，将有限的服装搭配成丰富的组合。低纯度色彩给人谦逊、宽容和成熟的感觉。有了这种颜色语言，职业女性更有可能受到他人的重视和信任。

（三）服装之间的搭配

服装之间尤其上下衣之间搭配应遵循以下要点。

（1）上深下浅：端庄、大方、恬静、严肃。

（2）上浅下深：明快、活泼、开朗、自信。

（3）突出上衣时，裤装颜色要比上衣稍深。

（4）突出裤装时，上衣颜色要比裤装稍深。

（5）上衣有横向花纹时，下装不建议有竖条纹或格子。

（6）上衣有竖纹花型时，下装应避开横条纹或格子。

（7）上衣有杂色，下装应穿纯色。

（8）裤装是杂色时，上衣应避开杂色。

（9）上衣花型较大或复杂时，应穿纯色下装。

（10）内外两件套穿着时，色彩搭配最好是同色系或反差大的。

（四）色彩搭配原则

在日常生活中，我们经常看到黑色、白色、灰色等颜色的搭配。黑色、白色和灰色是无色的，所以无论它们匹配哪种颜色，都不会有太大问题。一般来说，如果相同的颜色与白色搭配，就会显得明亮；与黑色搭配看起来很黑。因此，在搭配衣服颜色时，你应该首先考虑你想突出衣服的哪一部分。

不要将平静的颜色混合在一起，比如深棕色、深紫色和黑色，这会导致与黑色"抢色"的后果，使整套服装没有焦点，服装的整体性能也会显得非常厚重、深色和无色。黑色和黄色是最引人注目的搭配，而红色和黑色则非常大气。

（1）同色搭配原则，是指将同一颜色的两种色调不同的颜色进行搭配，如蓝色与天蓝色、深绿色与浅绿色、咖啡色与米色、深红色与浅红色等。同色系的服装看起来柔软优雅。粉色的搭配让整个人看起来更加柔和。

（2）近似配色原则，是指两种相对接近的颜色的搭配，如红色和橙色或紫色、黄色和草绿色或橙色。

（3）白色搭配原则，白色可以与其他任何颜色搭配，但要想巧妙地搭配，需要付出很大的努力。红色和白色的组合是一个大胆的组合。上身穿白色T恤，下身穿红色窄裙，看起来温暖奔放，显得个性十足。

（4）蓝色的搭配原则，在所有的服饰颜色中，蓝色的衣服是最容易与其他颜色搭配的。无论是类似于黑蓝色还是深蓝色，都很容易搭配。此外，蓝色具有收紧身体的效果，非常有吸引力。蓝色配红色让人看起来迷人美丽，但我们应该注意蓝色和红色的适当比例。蓝色和白色的组合看起来非常清新。

（5）米色搭配原则，穿米色衣服不难穿出严谨的味道。例如：一件浅米色高领短袖的毛衣，配上一条黑色精致长裤，穿着闪亮的黑色尖头中跟鞋，就能衬托出职业女性恰到好处的职业感。如果你想要一种干练和力量感，你应该选择一套黑色条纹的精致西装和一个高档米色手提包，既有行政风格，又有女性优雅。在当前的时尚潮流中，米色因其简洁和知性的美而成为职场流行的颜色。

（五）颜色代表的意思

常见服装颜色代表的含义如下。

（1）红：活跃、热情、勇敢、爱情、健康、野蛮。

（2）橙：富饶、充实、未来、友爱、豪爽、积极。

（3）黄：智慧、光荣、忠诚、希望、喜悦、光明。

（4）绿：公平、自然、和平、幸福、理智、幼稚。

（5）蓝：自信、永恒、真理、真实、沉默、冷静。

（6）紫：权威、尊敬、高贵、优雅、信仰、孤独。

（7）黑：神秘、寂寞、黑暗、压力、严肃、气势。

（8）白：神圣、纯洁、无私、朴素、平安、诚实。

原则上，我们要做到服饰色彩搭配协调，就要尽量保持服饰的色彩属于同一色系。这是一种最基本的搭配方法。另外，合理的使用对比衬托，也能凸显个性。

对比有两种，一是色彩对比，二是明暗对比。服饰上用得比较多的是明暗对比，通俗一点讲就是，一个颜色深，一个颜色浅。对比大时，显得个性比较张扬，反之则显得个性比较内敛。

拓展阅读

西服的历史

西服起源于17世纪的欧洲，至今已经在全球范围内成为男士在各种场合的日常衣装。西服之所以长盛不衰，不仅着装效果能体现出大方简洁、端正、挺括、工艺精致感和合体贴切性，并且穿着者的年龄跨度大，适宜于老中青三代。想了解西服文化，就不能不重温一下西服的历史。

西服的始祖：1690年，究斯特科尔

17世纪后半叶的路易十四时代，长衣及膝的外衣"究斯特科尔"和比其略短的"贝斯特"，以及紧身合体的半截裤"克尤罗特"一起登上历史舞台，构成现代三件套西服的组成形式和许多穿着习惯。究斯特科尔前门襟扣子一般不扣，要扣一般只扣腰围线上下的几粒——这就是现代的单排扣西装一般不扣扣子不为失礼，两粒扣子只扣上面一粒的穿着习惯的由来。

领带的始祖：1705年，克拉巴特

1670年至1675年间，克罗地亚轻骑兵作为路易十四的近卫兵在巴黎服役，他们被称为"克拉巴特近卫兵"，其脖子上系一条亚麻布引起人们的模仿而成为男装领口不可缺少的装饰物，这就是现代领带的始祖"克拉巴特"。当时，如何系好这条带子是评价贵族男子高雅与否的标准之一，因此，许多贵族专门雇用从事此项工作的侍从。

长裤是法国大革命的产物：1829年，庞塔龙

1789年，法国大革命中的革命者把长裤"庞塔龙"作为对贵族那紧身的半截裤"克尤罗特"的革命来穿用，最初庞塔龙的裤长只到小腿肚，后来逐渐变长，1793年长到脚面。到19世纪前半叶，裤腿时而紧身，时而宽松，与传统的半截裤并存。到19世纪50年代，男裤完成现代造型。

诞生于休息室的现代西服：1853年，拉翁基·茄克

维多利亚时代的英国上层社会，有许多礼仪讲究，特别是夜里的社交活动，男士必须穿燕尾服，需举止文雅谈吐不俗。晚宴过后，男士们可以聚在餐厅旁的休息室小憩，可以抽烟、喝白兰地、开玩笑，也可以在沙发上躺卧，这时那笔挺的紧包身体的燕尾服就显得不合时宜。于是，一种宽松的无尾茄克就作为休息室专用的衣服登上历史的舞台，这就是"拉翁基·茄克"，约产生于1848年。在一段时间里，这种茄克是不能登大雅之堂的，只限于休息或郊游、散步等休闲时穿用。19世纪后半叶，这种茄克上升为男装中一个重要品种，当时牛津大学、剑桥大学的学生穿的牛津茄克、剑桥外套也都是这种造型。

（资料来源：陆天麒，潘文彬. 浅谈西装历史与搭配 [J]. 科学与财富，2017 (13):171-171, 172.）

任务二 食 之 有 味

健康的身体来自健康的饮食。合理的饮食能够维持人体正常的生命活动和身体机能，是保持健康的基础；不合理的饮食将会透支健康。

一、中国饮食文化

（一）中国饮食文化的内涵

从外延的角度来看，中国饮食文化可以从时代与技术、地域与经济、民族与宗教、饮食与餐具位、消费与水平、民俗与功能等多个角度进行分类，展现不同的文化品位，体现不同的使用价值。

从特点上来看，中国饮食文化强调营养与健康理论（以素食为主，重视补益），强调"色、香、味"。中国的饮食文化除了要注意菜肴明亮如画的配色外，还需要搭配一种由用餐氛围产生的味道。它是中华民族的个性和传统，也是中华民族传统礼仪的亮点。

从影响力来看，中国饮食文化直接影响到日本、蒙古、朝鲜、韩国、泰国、新加坡等周边国家，是东方饮食文化圈的轴心；同时，中国的饮食文化也间接影响到欧洲、美洲、非洲和大洋洲，如中国的素食文化、茶文化、酱油和醋等调料、面食、药膳、陶瓷餐具和大豆等，所有这些使全球数十亿人受益。

简言之，中国饮食文化是一种具有广阔视野、深层次、多角度、高质量的悠久地域文化；是我国各族人民在一百多万年间的生产生活实践中，在食品资源开发、餐具开发、食品调理、营养保健、饮食美学等方面创造、积累并影响世界的物质财富和精神财富。

（二）中国饮食文化的特点[20]

中国是四大文明古国之一，也是悠久的饮食文化发源地。可将中国传统饮食文化归纳出以下几个特点。

（1）风味多样化。由于中国地大物博，幅员辽阔，各地气候、物产、风俗习惯都存在着差异，长此以往，在饮食上也就形成了多样的风味。中国一直就有"南稻北面"的说法，口味上有"南甜北咸东辣西酸"之分，主要是巴蜀、齐鲁、淮扬、粤闽四大风味。

（2）四季差别化。一年四季，按季节决定饮食，是中国烹饪又一大特征。自古以来，中国一直按季节的变化来进行调味、配菜，冬天讲究味醇浓厚，夏天注重清淡凉爽；冬天烹饪多炖焖煨，夏天烹饪多凉拌冷冻。

（3）审美多样化。中国烹饪不仅精致，而且有注重菜肴美观，注重食物色、香、味、形、器的和谐的传统。菜肴的美感可以通过多种方式来表达。无论是胡萝卜还是卷心菜，都可以雕刻出各种形状，创造出自己的风格；可以实现色、香、味、形、美的和谐统一，给人一种精神和物质高度统一的特殊享受。

（4）注重情趣化。中国烹饪很早就开始注重品味情趣，不仅对饮食的色、香、味有严格的要求，而且对它们的命名方式、品味的方式、进餐时的步骤、娱乐活动的穿插安排等都有特定的要求。中国的各式菜肴的名称可以说炉火纯青、雅俗共赏。菜肴既有根据主、辅、调料及烹调方法的解释性命名的，也有根据历史典故、民俗传说、名人食趣、菜肴样式来命名的，如"全家福""将军过桥""狮子头""叫花鸡""龙凤呈祥""鸿门宴""东坡肉"等。

"中也者，天下之大本也；和也者，天下之达者也。至中和，天地位焉，万物育焉"（《礼记·中庸》）。《古文尚书·说命》中就有"若作和羹，惟尔盐梅"的名句，意思是如果要做好羹汤，关键是要调和好咸（盐）酸（梅）二味，以此来比喻治国。这种通过调谐来实现"中和之美"的想法其实是受到了古代烹饪实践和理论的启发和影响，而这些实践和理论反过来影响了人们的整个饮食生活，尤其是对于追求艺术生活化和生活艺术化的古代文人和士大夫来说更是如此。与"中和"相反，极端烹饪被认为是不正宗的；尽管那些"咸、辣、酸"的食物会受到某些人的追捧，但从长远来看，它们对身体没有益处。社会和政治生活中的极端主义有更多的弊端。

（三）中国饮食文化的贡献[20]

1. 熟食文化——人类文明的开端

中华民族的祖先很早就开始使用火，并将火用于烹饪食物。在170万年前的云南"元谋人"化石层中，考古学家发现了未燃烧的木炭碎片；在五六百万年前的北京猿人遗址中发现了人类用火烹饪食物的痕迹，表明当时的原始人已经开始使用火，这是中国人类发现的最早的能源使用。熟食从根本上改变了人类的命运，成为人类进化的源泉；熟食文化不仅是饮食文化的起源，也是人类文明的开端。

2. 陶器文化——人类饮食文化发展历程中的重要里程碑

中国早在一万年前就发明了陶器。人类在掌握了陶器制造技术后，发明了最原始的炊具——陶罐。陶瓷炊具和餐具的出现，使人类的饮食从单一的烧烤走向多元化的烹饪轨道，陶器的发明也成为烹饪文化中的一个重要里程碑。中国是世界上第一个发明瓷器的国家。商周时期，出现了原始瓷器，一种青瓷。当时的青瓷有瓶、碗、瓶、壶等多种，质地坚硬，有光泽。

3. 饮食器具文化——中国对人类文明的又一贡献

中国人讲究美食同精美器具的完美结合。在发明了陶器之后，又发明了锡、铜、银等金属冶炼术，随后又在世界上最早发明了漆器。

在漆器出现前后，颇具工艺水平和观赏价值的锡、铜、金、银、竹、木等各种类型的餐饮器具也先后问世。这些材质与形状各异的食器具与食礼结合起来，更促进了其发展。餐饮器具的发明种类，从钟鸣鼎食、炉锅鏊壶，到碗瓢盆碟、樽盏杯盅、筷叉勺匙，不胜枚举。唐宋时期，中国的漆器、铁锅与陶瓷同样成为独占世界市场的大宗出口商品。

4. 农耕文化——开拓了人类的食源

中国的农业（大农业的概念包括了农、林、牧、渔各业）起步很早，农耕文化源远流长，对人类食源的开发和农耕文化的发展均做出了重大贡献。甚至在当代，中国以世界7%的耕地养活了世界22%的人口，仍在为人类做着新的贡献。

（四）中国烹饪风味流派 [21][22]

中国有川、粤、鲁、淮扬、闽、浙、湘、徽这八大菜系，以及北京菜、上海菜、京东菜、西北菜、迷宗菜、素菜、仿膳菜等其他菜系。

1. 四川风味概况

物产丰富，调味复杂，烹调方法多，常用的至少三四十种；讲究鲜、爽、醇、浓，麻辣辛香突出，百菜百味，尤以麻辣、鱼香、怪味见长。包括成都、重庆、自贡等风味。

成都风味重麻味的应用，代表菜有麻婆豆腐、樟茶鸭子、开水白菜、宫保鸡丁。

重庆风味重辣味的应用，代表菜有鱼香肉丝、毛肚火锅、一品海参、灯影牛肉。

自贡风味具有浓厚的少数民族特征，麻辣并重，鲜香软嫩。代表菜有水煮牛肉、小煎鸡米、砣砣肉。

2. 山东风味概况

历史悠久，文化底蕴深厚，对黄河流域以及全国的烹饪有深远影响。选料考究，尤以工于火候、擅长制汤而著称。讲究调味纯正、以咸鲜为主，讲究葱蒜调味、清鲜脆嫩、浓淡并重。主要由内陆的济南风味与沿海的胶东风味组成。

济南风味：以咸鲜为主而善于变化，代表菜为奶汤蒲菜、九转大肠、油爆双脆、糖醋黄河鲤鱼和芙蓉鸡片。

胶东风味：风味讲究清鲜、保持原味，以葱烧海参、油爆海螺、清蒸加吉鱼为代表。

3. 江苏风味概况

选料新鲜，工艺以刀工精细、刀法多而富于变化著称；用料不拘一格，物尽其用，边料、低档料也可做名食。

讲究清鲜，突出鲜活原料的本味，口味甘鲜调和而鲜甜适中。由扬州、南京、苏锡、徐海风味组成。

扬州风味擅长吊汤，讲究刀工，精于瓜果雕刻，以蟹粉狮子头、大煮干丝、三套鸭、水晶肴肉、蟹黄汤包为代表。

南京以善制鸭馔而著名，清真菜品种丰富，夫子庙的小吃闻名全国。代表菜有盐水鸭、板鸭、炸虾球。"美人肝、松鼠鱼、蛋烧卖、凤尾虾"为清真四大名菜。

苏锡擅长烹制河鲜、湖蟹和蔬菜，口味略甜。代表菜有天下第一菜、无锡肉骨头、常熟叫花鸡、香脆鲊菜糖鱼片。

徐海以咸鲜为主，五味兼有，风格淳朴，有齐鲁之风。代表菜有彭城鱼丸、羊方藏鱼、沛公狗肉。

4. 广东风味概况

广东地处亚热带，紧临南海，四季常青，物产丰裕，可供食用的飞、潜、动、植无所不有，蔬果时鲜，四季不同，物质基础雄厚。广东菜包括广州菜、潮州菜、东江（或称惠州）菜三大类，通常以广州菜为代表。

广州菜集南海、番禺、东川、顺德、中山等地方风味的特色，兼京、苏、扬、杭等外省菜及西菜之所长，融为一体，自成一家。最突出的特点是取料广泛、口味清新、鲜而不俗；另一突出特点是用料精而细、配料多而巧、装饰美而艳，而且善于在模仿中创新。

潮州菜以烹调海鲜见长，刀工讲究，口味偏重香、浓、鲜、甜，菜品在一百种以上，都是粗料细作、香甜可口。

东江菜（客家菜）以惠州菜为代表，油重，口味偏咸，酱料简单，主料突出，很少配用菜蔬，河鲜海产也不多。

5. 北京风味概况

在北京自山东风味菜正式更名为"北京菜"后，传统的烹调技术得到了发扬光大。由于地理环境和历史的因素，在北京菜体系里，实际上还包含了河南菜、山西菜、东北菜、蒙古菜、宫廷菜以及清真菜，不但滋味各别，而且有许多独具一格的进食方式，使北京菜更加丰富多彩。

近数十年来是北京菜一个发展的新时期，由于失传的传统菜被发掘出来，南方菜被引进，西菜烹调技术也渗透到北京菜的行列，逐渐地被吸收融化，使北京菜"清、鲜、脆、嫩"的特点更为突出。

6. 上海风味概况

上海菜原来以红烧、生煸为主，吸取了无锡、苏州、宁波等地方菜的特点，烹调技术和花色品种有较大发展。菜肴的基本特点是汤卤醇厚，浓油赤酱，糖重色艳，咸淡适口，保持原味。选料注重活生时鲜，调味主要有咸、甜、糟、香、酸等，烹制菜肴一向以活鲜著称，上海菜在烹调中善于加糟；菜肴糟香扑鼻、鲜味浓郁，具有浓厚的江南家乡风味。

> **探究与分享**
>
> 气候、土壤、地形地貌差异引起的物产差异以及饮食习俗差异，文化交流传播和民族交往，导致了不同风味流派的形成。请谈谈本地特色风味形成的原因。

笔记：

> **Get 小技能**
>
> **三条非常重要的烹饪技巧**
>
> **1. 放调料**
>
> 炒菜过程中通常会放酱油、醋、料酒等调料。为了达到最好的调料效果，应该注意放的时间。
> - 油要趁锅里的水分炒干之后再放。
> - 油和菜从锅的四周沿着锅壁倒入。
> - 炒素菜的时候，先爆香调料再放菜。
>
> **2. 焯水**
>
> 焯水是指把食材放在滚开的水里等待片刻再捞出。那焯水到底是为了什么？
> - 肉类焯水是为了去除腥味与血水。
> - 青菜比较脆嫩，家常烹饪一般是先焯水后炒制，可以保持口感。
> - 根茎类蔬菜焯水之后把水分挤出来一些再炒制。
>
> **3. 怎么做到不咸不淡**
>
> 除了盐，酱油、蚝油这些调料都是有咸度的。
> - 甜面酱、豆瓣酱、黄豆酱都有非常高的咸度，老抽、生抽、蒸鱼豉油也有一定的咸度。
> - 先放这些有咸味的调料，等出锅前尝尝，再加盐调整。
> - 放盐之前一定要尝一尝。

二、饮食营养与健康

随着经济的高速发展和社会文明的进步，人们越来越重视食品的营养和健康。合理的营养是人类智力、身体潜能和社会活动能力能够充分发挥的先决条件。拥有适当营养和健康的人是社会进步的结果，反过来又促进了社会发展。

营养的本意是"健康养生"，是指人体摄取、消化、吸收和利用食物中的营养物质来满足身体各组织器官生理需求的过程。合理营养是指通过合理的饮食和科学的烹饪加工，为身体提供足够的能量和各种营养素，并保持各种营养素之间的平衡，以满足人体的正常生命活动的营养需求，维护人体健康。

人类通过营养维持生命、保证生长发育、增进健康和完成各种活动。人类从胎儿开始直至死亡都离不开营养，人类体质的优劣与营养状况有密切的关系。营养是维持人体生命的先决条件，既是保证身心健康的物质基础，也是人体康复的重要条件。

对于我们学生学习的需要，我们的膳食应该注意以下几点。

（1）保证优质蛋白质的摄入。我们可以多吃些鱼虾、瘦肉、肝、鸡蛋、牛奶、豆腐及豆浆等，这些可以增强大脑功能、提高记忆力。

（2）注意新鲜水果和蔬菜的供应。由于水果蔬菜中含有丰富的维生素C和膳食纤维，可以增加脑组织对氧的利用，还有助于消化、提高食欲。

（3）少吃或不吃含糖和脂肪高的食物，如糖果和油炸食品，这些吃多了会降低食欲和不易消化。

（4）适当吃一些粗粮杂粮，如红豆、绿豆、糙米和标准粉等，这类食物富含维生素B和膳食纤维，维生素B可以增进食欲，还可以帮助大脑利用血糖产生能量，以便其更好地工作和学习。

（5）创造一个轻松愉快的就餐环境，可以帮助食物的消化。

（6）大脑的水分占大脑总量的70%，人体每天大约需要3升水。

（7）饭后不宜马上学习，最好是进餐后休息0.5~1小时。

（8）不吃早餐会影响认知能力和学习，甚至影响身体健康，如易患肠胃病、易肥胖等。早餐能量摄入充足的学生短期记忆能力、身体耐力、创造力、逻辑判断能力的表现好于不吃早餐的或早餐能量摄入不足的学生，一份营养充足和均衡的早餐应该包括谷类、肉类、奶及奶制品和蔬菜、水果等食物。

拓展阅读

营养金字塔

营养金字塔，又叫"食物指南金字塔""营养学金字塔""平衡膳食宝塔""食品金字塔""饮食金字塔"等，是一个金字塔形状的为应对人生理特征而做成的黄金三角。

为指导人们合理营养，中国营养学会提出了食物指南，并形象地称为"4+1营养金字塔"（即"营养金字塔"）。"4+1"指每日膳食中应当包括"粮、豆类""蔬菜、水果""奶和奶制品""禽、肉、鱼、蛋"四类食物；以这四类食物作为基础，适当增加"盐、油、糖"。

"金字塔"的第一层是最重要的五谷类食物，它构成塔基，应占饮食中的很大比重。每日粮豆类食物摄入量为250~400克，粮食与豆类之比为10∶1。

"金字塔"的第二层是蔬菜和水果，因此在金字塔中占据了相当的地位。每日蔬菜和水果摄入量为250~450克，蔬菜与水果之比为8∶1。

笔记：

"金字塔"的第三层是奶和奶制品，以补充优质蛋白和钙。每日摄取量为300克。

"金字塔"的第四层为动物性食品，主要提供蛋白质、脂肪、B族维生素和无机盐。禽、肉、鱼、蛋等动物性食品每日摄入量为100~200克。

"金字塔"的塔尖为适量的油、盐、糖。

以上四种基本成分加上塔尖叠合在一起恰似"金字塔"（图4-10）。

图4-10 营养金字塔

（资料来源：许玲.浅谈合理饮食与健康的关系[J].医药前沿，2018，8(8):2.）

三、烹饪基础

（一）烹饪的起源与概念

"烹饪"一词出现于宋代，"烹"就是煮的意思，"饪"是指熟的意思。狭义上来理解，烹饪是对食材进行加热加工，将生的食物原料加工成熟食品；从广义上讲，烹饪是指对食品原料的合理选择和配置、加工提纯、加热调味，使其成为一道色、香、味、形、质、营养、美的安全、无害、可吸收、健康、强的食品菜肴。

烹饪是一门涉及自然科学和社会科学知识多个方面的科学，与生物学、物理学、化学、医学以及历史学和美学等一系列学科密切相关；科学进步和社会发展始终推动着烹饪技术的发展。

中国烹饪历史悠久、工艺精湛，我国素有"烹饪王国"的美誉。早在2000年前的《内经·素问》中就提出"五谷为食，五果为助，五畜为利，五菜为馅"，表明食材是人们身体健康的物质基础；指出烹饪技术非常重要，对烹饪技术提出了很高的艺术要求；要求制作的菜肴美观、纯净、丰富多彩，香气、味道、形状、质量、感官等方面都表现出高超的技术性和艺术性，这是世界文化宝库中的宝贵财富。

（二）中国烹饪简史[21][22]

1. 太古时代——准备时期

太古时代包括旧石器时代和新石器时代。最初，由于火的作用还未被发现，原始人处于茹毛饮血的生食时期，饮食结构极其简单。在距今五六十万年前的北京猿人的遗址中发现人类用火加工食物的痕迹，同时也发现了简单的烹饪工具，如砍砸器、刮削器、骨器、木制工具等。距今一万年至五千年，出现了陶器（九千年前湖南澧县彭头山文化的陶盆与钵、八千年前河北磁山文化的陶鼎），并且出现了火塘和灶，人们开始懂得蒸汽、调味，会将主副食、饮料分开，烹饪原料也大大丰富了[9]。

2. 夏商时期——萌芽时期

随着农业和畜牧业的发展，出现了五谷和六畜，发明了酿酒，餐具的丰富程度也极大提升并且相当精致。仅酒器就包括爵、尊、彝等；食物范围包括鱼、贝类、鹿、狗和猪；开始有关于烹饪的实证讨论（《吕氏春秋》）；饮食礼仪是坐在地上，分开吃。

3. 春秋战国和秦汉时期——发展时期

食物品种增加；食品加工技术取得一定的进步，出现了食品加工作坊；烹饪手法也逐渐多样化；饮食器具由朴实厚重向精细化方向发展，出现了瓷器；饮食生活质量受到统治者的重视，设有管理膳食的官职，如膳夫、庖夫、内饔、亨（烹）人、鱼人、鳖人、凌（冰）人、醢人、醯人、盐人。

食礼食俗进行了一系列改革，汉代以后纳入儒家规范，讲究的是食有等差、尊长敬客，五味调和；这个时期已注重饮食卫生和食忌，并且会按时令节气来调味，如《礼记·内则》载"凡和：春多酸、夏多苦、秋多辛、冬多盐。""不食雏鳖、狼去肺、狗去肾、兔去尻、狐去首、豚去脑、鱼去乙（指鱼的肠）、鳖去丑。"

饮食行业兴起，饮食的标准也随之提高，汉初普通人也能吃粱肉了。当时民间饮食习惯是：北方食麦，南方食米；北方食牛羊，南方食鱼虾；北方食简，重主食的制作，南方食杂，重羹菜的制作。

4. 南北朝和唐宋时期——定型时期

在国土拓展、民族大融合的大背景下，南北朝进入新的开创时期。当时各族饮食文化交流加强；培植的品种增多；食品加工技艺提高；隋朝以后瓷器的生产进入繁荣期，饮食餐具多用白、青瓷，贵族多用金、银、玉、玻璃等。

食品加工已十分普遍。茶作为生活必需品开始在民间流行，北朝的少数民族把茶叶作为生活的必需品之一。烹饪形式的多样性与现代社会差异不大。

食礼食俗发生了飞跃性变化。从南北朝开始，席地而坐改为垂足直身的"胡坐"，食品名称趋于多样、华丽。饮食习俗已经和现代相似，三餐制、合餐制成主流，且沿袭至今。

饮食专著有：南朝宋虞的《食珍录》，唐代韦巨源的《食单》，唐朝陆羽的《茶经》、杨晔的《膳夫经》，宋代陈达叟的《蔬食谱》等。北魏贾思勰的《齐民要术》更是当时一部著名的科学著作，从种植百谷说起，谈到种菜、培育水果、养牛羊猪鸡鸭鹅鱼，以及酿酒、制酱、醋、脯、腊等。忽思慧的《饮膳正要》是少数民族饮食发展的代表。

5. 元末——多民族饮食文化整合

元末多个民族的饮食文化趋于整合，出现回民食品、女真食品、畏兀尔（维吾尔）茶饭；餐饮业的规模逐步增大，并且形成了一定的服务规范。

6. 明清时期——繁荣时期

明清时期中国饮食文化得到进一步加强，同时也受到外来饮食文化的影响。烹饪技艺炉火纯青，逐渐形成一些主要菜系；食礼食俗中确立了儒家礼教思想的地位，西北形成了伊斯兰食风，蒙古、西南地区的佛教食风得到加强。食礼日趋严格，明中叶出现"浮靡奢侈"的风尚，饮食更加繁荣，尤其是江南一带，酒楼、茶肆等级分明；酒宴座次、品茶流程、歌舞安排颇为讲究；饮食理论多质量佳，如《随园食单》《食宪鸿秘》等。

明代与西洋交流增多，西方的科学文化开始被引进国内，烟草在明代开始传入我国。到清代，西餐已在贵族中流行。但清朝的闭关锁国政策使饮食文化的交流虽延续，范围却缩小了，并且局限于内部交流。

7. 近现代——转型时期

食品来源从天然化向商业化、人工化发展，食品加工从人工生产向机器生产转变；食礼食俗由等差、合餐向平等、分餐发展；饮食文化成为重要的交际手段，饮食观念由饱腹、美味向保健、营养发展；饮食业由分散经营向规模化经营、科学化管理转变。

（三）烹调的基本功

烹调的基本功包括：刀工技术；投料技术；上浆、挂糊技术；掌握火候技术；勾芡、泼汁技术；调味的时间和数量掌握技术；翻勺技术和装盘技术。

（四）烹调的作用

烹调的作用一般可分为以下几个方面。

（1）杀菌消毒。生的食物，尤其是蔬菜，不论多么新鲜干净，都会有一些细菌和各种寄生虫，不杀死容易致病。细菌、寄生虫多怕高温，一般在80℃就可以杀死；烹调是杀菌消毒的有效措施。

（2）使生变熟。烹调可以使主、辅料和调料受热后由生变熟，各种食物原料大都要通过烹调才能成为可食的菜肴。

（3）促进大分子营养物质分解，利于消化。食物中的营养物质必须经过分解，才能更好地被人体吸收。烹调能促进食物原料中营养成分的分解，减轻人体消化的负担，而且能提高食物的消化率。

（4）调节色泽，增加美感。烹调可以使原料色泽更加美观，例如：叶菜类加热后会变得更加碧绿；鱼片会更加洁白；虾会呈鲜红色彩等。搭配各种调、配料，色彩更艳。还有些原料，如鱿鱼、肾脏等经花刀后，通过烹制可塑造出各种美丽的形状，给人以美的享受。

（5）促进食欲。生的食物原料会有特殊的味道，有的不适合人的口味要求，例如鱼、羊的腥膻味等。通过烹调，调味品互相"渗透"，会使一些腥膻异味或许多单一味变为人们所喜欢的复合美味，从而促进食欲，如"糖醋鱼""蘑菇鸡"等。

（6）调剂汁液，促使菜肴丰润。食物原料在加热过程中，一部分水分溢出被蒸发，使主、辅料变为不饱和状态。这样，在烹制中加入鲜汤和调味品，就容易被吸入主、辅料内，使菜肴口味更加鲜美。

（五）构成菜肴属性的条件

构成菜肴属性的条件是刀工和烹饪技术。其中，烹饪技术是构成菜肴属性的主要条件。概括来说，原因很简单。普通菜肴的准备，涉及八个过程：原料分拣、不同等级的选择、切制成型、配料、烹饪、加热、调味和装盘。前四个过程是切菜和配菜技术的范围。虽然它们对形成一道菜的属性也很重要，例如原料的精细刀工、摆放的适当分级和排列、适当的形状和尺寸、主辅材料的合理搭配，但它们只是形成这道菜的各种属性的先决条件。切菜和配菜技术只能使菜肴的原料发生"形状"的变化，更重要的是使原料发生"质量"的改变，最终形成完美的菜肴。

（六）菜肴的属性

菜肴的属性主要表现在三方面，即"色、香、味"；也有人认为是四个方面，即"色、香、味、皿"；如果全面地说，菜肴的属性应该有"质、色、香、味、形、皿"六方面。

所谓"质",包括菜肴的品质、营养价值、可消化程度、嫩度、脆度、软滑度,以及杀菌消毒的卫生要求;所谓"色",包括主材与辅料的配色、材料与汁液的配色、装饰配料的配色;所谓"香",包括肉、鱼、蔬菜、水果和其他香气的标准气味;所谓"味",是指咸、甜、酸菜肴等的独特味道;所谓"形",包括一道菜中主料和辅料的形状、搭配方式,以及该菜在容器中的装盘样式;所谓"皿",包括与菜肴质量相称的器皿形状和大小,与菜肴质量和颜色相称的器皿质地和颜色,以及整桌菜肴与各种器皿之间相互相称的形状、大小、质地和颜色配置。

(七)菜肴烹制的分类

一是凉菜类烹制,二是热菜类烹制。菜肴中的主体还是热菜,但凉菜是"开路先锋",所以两类菜肴都不容忽视。食用原料经加工切制后,通过各种加热方式,经合理的调味与合适的火候烹制出菜肴,食用时具备符合食客生理需求的热度,这样的菜肴,称为热菜。

> **知识链接**
>
> **福建名菜——佛跳墙**
>
> 佛跳墙一菜由来久矣,至少出现在百年之前。据《中国名菜谱》记载,清末福州扬桥巷银局官员宴请上司布政司周莲时,此员之妻下厨烹制此菜,周很爱食。事后携衙厨郑春发登门求教,学得此法后又加以改进。光绪三年,郑与人合开"聚春园"菜馆,将此菜推向市场。食客高兴,吟诗称赞,说此菜飘香诱人,"佛闻弃禅跳墙来",此菜遂被命名为佛跳墙。
>
> 佛跳墙的烹饪过程极为烦琐,涉及多道工序。主要的食材包括瑶柱、鲍鱼、福鱼翅、鲍参鲍翅、鱼翅、鲍鱼、黄牛蹄筋、炖鸽胸、瑶柱、菌菇等,采用传统的红烧方式加以调制,继而炖煮而成。佛跳墙是福建名菜,因其独特的成菜工艺和丰富的食材,成为享誉中外的美食代表
>
> (资料来源:陶文台."佛跳墙"的文化内涵[J].中国食品,1997(1).)

四、烹饪安全[23]

(一)火灾

厨房里有很多种燃气和电气设备,很容易发生火灾。防火涉及两个方面的工作:一是防止火灾的发生;二是一旦发生火灾,必须采取正确的消防措施。

防止火灾要做到以下几点。

（1）每天在烹饪前后对设备进行检查。逐一检查油路、阀门、气路、燃气开关、电源插座等设备；如果发现任何问题，应及时报告维修，以排查出安全隐患。

（2）燃气设备在使用过程中，请遵循适当的操作程序。严格遵守设备的开启、使用和关闭程序，不得随意更改操作顺序。

（3）人走必须火灭。正在使用火源设备的人员，切记不得随意离开，以确保用火安全。

（4）火灾一旦发生要及时采取相应的措施处理。厨房应及时断电、断气，用锅盖、合适的灭火器、湿毛巾、沙子进行灭火，并及时报警。

（5）炉灶热油温度过高会自燃。届时不要慌乱，立即关上煤气断火，同时盖上锅盖，断绝氧气灭火。切忌端锅乱走动，因为风速会加快空气流动、加快火的燃烧。

（二）烫伤

厨房内的家具和设备都可能造成操作者严重的烫伤。加热食物时容易接触到热锅、热油、热汤和热蒸汽等，这些都可能直接导致烫伤。

防止烫伤要做到以下几点。

（1）确保厨具在安全温度。如果需要直接接触烹调设备时应预接触，确认不烫手再直接接触。撤下的温度较高的铁锅、烤盘等不要触碰，及时进行降温处理。

（2）提前做好准备。有计划地操作才能有条不紊，尤其在热油、热锅时要事先准备放置地点。

（3）防止蒸汽和热油烫伤。打开锅盖时，要打开远离自己的一侧，防止被高温蒸汽烫伤；烹饪菜肴时，有必要控制油温和进油量，以防止油溢出和燃烧。

（4）注意油炸操作。需要油炸的食物应提前控制水分，防止热油飞溅伤人。

（5）准备专用工具。请勿使用围裙、毛巾或洗碗布包裹端锅；不要直接接触烤箱等设备，并使用专门的工具。

烫伤处理的方法有以下几点。

（1）被烫伤或烧伤后，如果伤势不严重，立即用自来水冲洗或浸泡在冷水中；如果你家里有冰箱，也可以用自制的冰来冷敷烫伤和烧伤。用水或冰块浸泡（冷敷）不仅可以减轻伤害，还可以缓解疼痛。

（2）在冷水中浸泡或敷冰15~20分钟后，如果皮肤只有轻微的发红或小的水痕，可以在烫伤或烧伤部位涂一点烫伤膏或清凉油。

笔记：

如果皮肤水疱很大，可以用消毒过的针头刺穿水疱。水疱液流出后，不用敷料涂抹龙胆紫（紫药水），使伤口干燥结痂。

（3）严重烫伤和烧伤可按以下方式处理：尽快脱掉被烧伤或浸泡在热油或其他液体中的伤者衣服。脱下烧伤或烫伤患者的贴身衣物时，要注意保护患者的皮肤。当衣服和皮肤粘在一起，难以分开时，不要强行拉扯，而是等待医生的治疗。用冷水迅速冲洗伤口。冲洗时应注意，水流不宜过快，以免造成新的伤害。如果被生石灰烧伤，先清除石灰颗粒，然后冲洗干净，迅速送往医院治疗。

（三）刀伤

在厨房里，刀伤事情经常发生。工作注意力不集中、操作不规范、工具维护不到位、工作区域光线过暗、工具随意放置等都是造成刀伤的原因。

防止刀伤要做到以下几点。

（1）厨房刀具妥善保管。刀具不能放在工作台边缘等危险地方，以防止刀具跌落意外划伤。

（2）保持刀具锋利。在实际工作中，不锋利的刀具更容易伤手。

（3）按照安全操作规范使用。充分掌握使用刀具的技能，规范操作，使用时不要摇晃手臂，以免受伤；在操作组合刀具之前，有必要确认它们是否正确组装。操作过程中请遵循操作说明。

（4）精力要集中。精力不集中会有安全隐患，可能对操作者造成伤害；刀具清洁应谨慎。

（5）严禁用刀嬉戏。

一般刀伤处理方法如下。

（1）洗净双手，伤口处用清水清洁；伤口处擦上消毒药水，如过氧化氢水；伤口处缠上消毒纱布，并包扎固定。

（2）严重刀伤的紧急处理方法。①压迫止血法：直接用纱布、手帕或毛巾按住患处，再用力包扎出血的位置暂时减缓流血速度。②止血点指压法：所谓止血点，就是在出血伤口附近的靠近心脏动脉血管，用力按压，使心脏流出的血液不能顺利流向伤口，减少出血量。③止血带止血法：严重流血不止时，用布条、三角毛巾或细绳紧紧地绑在止血点上；每15分钟稍微松开一次，以避免组织损伤。最好在40分钟内进行急救。

（3）如果伤口不大，可以用清水或生理盐水在伤口周围循环轻轻冲洗，然后消毒，然后用干净的纱布包裹。当伤口在结痂时，就可以不包扎了。

（四）肌肉拉伤和摔伤

厨房工作人员在搬运重大物品时，或登高取物，或清除卫生死角，以及走动遇地滑时容易造成肌肉拉伤和摔伤。

防止肌肉拉伤和摔伤要做到以下几点。

（1）搬运物品要量力而行。较重的物品请别人帮忙或者使用工具搬运。

（2）注意用力技巧。举东西时要抓紧，要用腿力而不是背力，动作要缓慢，高度一般不应超过头部。

（3）安全使用工具。小心使用结实的梯子取高处的物品。

（4）消除地面安全隐患。保持工作地面干燥、无油污，及时清理地面障碍物，及时处理存在破损等安全隐患的地面。

（5）进出门应控制速度。

（五）机械设备伤害

厨房内除去烹饪设备，还有很多机械设备，在使用中也常造成对操作者的伤害，比如切割设备、电器设备等。

防止设备伤害要做到以下几点。

（1）使用设备前必须掌握设备的使用方法和注意事项。

（2）使用过程确保安全。不在设备处于运转状态时拿取食品，停稳后方能取放。

（3）按照设备设计的用途使用设备，不能他用。

（4）注意设备用电安全。电器类设备必须接保护地线；在清洗和拆卸电器设备前，必须确保切断电源。

（5）规范着装。穿着合适的工作服，防止衣服、围裙等卷入设备等；女性还要防止头发卷入设备。

任务三 起居有序

日常生活中，有序的起居符合身体代谢规律，有利于维持中枢神经系统、消化系统等的正常功能，使身体保持健康。起居无序会打乱我们的生物钟，造成代谢紊乱、内分泌失调、情绪不稳，对身心健康极其不利。

4-3 微课

一、作息规律

（一）作息规律的内涵

1. 坚持早起

晚睡晚起会使大脑皮层抑制时间过长，久而久之会引起一定程度的人工大脑功能障碍，导致理解力和记忆力下降、免疫功能下降、扰乱身体的生物节律，使人懒惰、易怒，也对肌肉、关节和泌尿系统有害。此外，由于晚上关上门窗睡觉，早上室内空气浑浊，赖床很容易引起感冒、咳嗽等呼吸道疾病。因此，坚持早起，每天多在户外呼吸新鲜空气对健康很有益。

2. 午间休息

适当午休对减少身心疲劳、提高学习和工作效率非常有益。午睡的关键不在于时间的长短，而在于质量。建议平躺在床上，伸展四肢，让血液循环到大脑，以缓解大脑供血不足引起的疲劳。趴在桌子上是不可取的。这种姿势不仅会限制呼吸，还会收紧颈部和腰部的肌肉，使其容易患上慢性颈肩疾病。研究表明，午休半小时会超过晚上睡2小时给身体带来的放松感。

3. 正常就寝

研究表明，如果长期熬夜，就会逐渐出现失眠、健忘、易怒和焦虑等神经和精神症状。过度运动会导致身体神经系统功能障碍，导致身体主要器官和系统失衡，如心律失常和内分泌紊乱。在严重的情况下，会导致整体压力状态和感染概率相应增加。

美国的免疫学家在对睡眠和人体免疫做了一系列研究后认为，睡眠除了可以消除疲劳，还与提高免疫力、抵抗疾病的能力有着密切关系。有充足睡眠的人血液中的T淋巴细胞和B淋巴细胞均有明显上升，而这两种细胞正是人体内免疫力的主力军。所以即使在相对紧张的工作中，也要保持充足的睡眠。研究表明，大学生的睡眠时间一般每天不得少于7个小时。

（二）作息规律的重要性

按时作息能使人头脑清醒、反应敏捷、精力充沛、减少失误、提高效率。

随着工作压力的增大、生活节奏的加快以及现代科技的发展，越来越多的人喜欢熬夜加班玩电子产品等，殊不知其危害极大，睡眠是人体自我修复的必要过程。

良好的作息规律要做到定时起床、定时休息，它是高效率的前提。学生应该懂得作息规律对身体健康的重要性，重视不良作息造成的严重后果，合理调整好时间，坚持培养良好的作息规律。

（三）作息不规律的危害

晚上22点到次日2点，皮肤会进入晚间保养状态。如果长期熬夜，会破坏人体内分泌和神经系统的正常循环。神经系统疾病会导致皮肤干燥、弹性差和缺乏光泽等问题；内分泌失调会导致皮肤问题，如痤疮、黄褐斑和黑斑。

作息不规律会引起免疫力下降。在熬夜对身体造成的各种损害中，最常见的是导致频繁疲劳、嗜睡和身体免疫能力下降。对于抵抗力较弱的人来说，感冒等呼吸道疾病和胃肠道疾病等消化道疾病也会时常上门。

作息不规律会导致记忆功能减退。人的交感神经是夜间休息、白天兴奋，以此来维持人一天的工作。而熬夜者的交感神经却是在夜晚兴奋，所谓一张一弛，熬夜后的第二天白天，交感神经就难以充分兴奋了。

（四）如何规律作息

要做到规律的作息首先要非常明确地知道作息规律带来的种种好处，比如使人精神焕发、注意力集中等，只有深刻地了解到规律作息的好处，才能够有动力坚持作息规律。

每天坚持在固定的时间段上床睡觉，同时在固定的时间段早起，在保证充足睡眠的同时不断地强化自己早睡早起的生物钟，长此以往就可以形成一个健康的生物钟了。

睡觉之前尽量不要胡思乱想，很多人喜欢在睡觉之前想事情，他们认为这个时候思路比其他时间要清晰，但事实上睡觉之前想事情会给大脑太多的信息，不利于保证良好的睡眠质量。

每天要确保睡眠环境是好的。睡觉之前最好将卧室的窗帘拉上，窗帘最好是厚的，可以阻挡夜晚的灯光、月光。睡觉的时候要将全部的光源都关掉，让自己处于一个安静的、黑暗的环境中，这样才可以睡一个好觉。睡眠质量提高了，早上自然会想要起床。

对于床上用品的选择一定要慎重，要选购一些适合自己的床上用品，这也是保障睡眠质量的非常重要的手段。有些人每天睡很长时间但还是精神不振，很大一部分原因可能就是床上用品不舒服，导致睡眠质量不好。

提高工作效率，用最少的时候做最多的工作，尽量在工作时间内将全部工作完成，尽量不要将工作带回家，也最好不要晚上熬夜加班，以免破坏已经养成的生物钟。

> **拓展阅读**
>
> ### 生 物 钟
>
> 20世纪中叶，生物学家根据生物体存在周期性循环节律活动的事实，创造了"生物钟"一词（图4-11）。正如植物的开花结果，动物的洄游迁徙，古代人类日出而作，日落而息，现代人早出晚归。事实上，仔细观察就会发现我们身体的一些规律：早上记忆力较好，午饭后容易犯困，下午体温较高等，这些就是生物钟对人体调节的外在表现。更重要的是，生物钟作为一种内在

笔记：

的调控机制控制着我们身体规律地运行着，人体内生物钟最初发现于长期在地下工作的矿工，不见天日的他们依然按时吃饭、睡觉与常人无异。

所有生命都受到日夜这种自然节律的影响。许多学者的研究指出，按照人的心理、智力和体力活动的生物节律，来安排一天、一周、一月、一年的作息制度，能提高工作效率和学习成绩，减轻疲劳，预防疾病防止意外事故的发生。反之，假如突然不按体内的生物钟的节律安排作息，人就会在身体上感到疲劳、在精神上感到不舒适，这是由于生物钟基因及其下游基因以24小时为周期呈现节律性地波动表达，并由此导致各个脏器活动以及多种激素分泌的节律性波动。

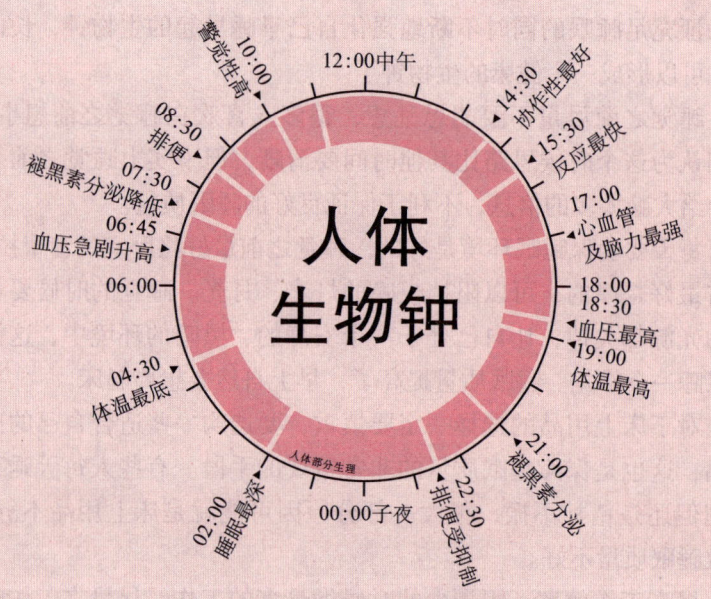

图4-11 人体生物钟（图片来源：尚书坊）

（图片来源：全球公认！最健康的作息时间表来了.https://baijiahao.baidu.com/s?id=1598530680284781251&wfr=spider&for，2023.3.22.）

以一天24小时来讲，凌晨2点为肝脏排毒的高峰期；4点时血压最低，脑部的供血量最少，肌肉处于最微弱的循环状态，呼吸很弱，此时人容易死亡；6点血压开始升高，心跳加快，体温上升，肾上腺皮质激素分泌增加，此时机体已经苏醒，为第一次最佳记忆时期；10点积极性上升，人体处于第一次最佳状态；13点：午饭后，精神困倦，白天第一阶段的兴奋期已过，此时感到有些疲劳，宜适当休息；15点：身体重新改善，感觉器官此时尤其敏感，人体重新走入正轨；20点：当天的食物、水分都已充分贮备，体重最重等。因此，根据人体精神、智力水平的节律性合理安排学习工作时间可大大提高效率，也可减少意外的发生。

（资料来源：关西科健产业研究院.单思，山夕团队.生物钟警报：熬夜大脑会"自噬"[J].中国科普博览.）

二、设施整洁

（一）门窗清洗技巧

（1）用毛巾蘸啤酒或温热的食醋擦铝合金门窗，可快速消除铝合金门窗上的污垢。

（2）在铝合金门窗上先涂点粉笔灰水或石膏粉，干后用布擦，就能将铝合金门窗擦干净。

（3）在脸盆里装一些水，倒入少量洗发精搅匀后，用它来擦铝合金门窗，会显得分外洁净亮堂。

（4）冬季铝合金门窗外表易结霜，可用布蘸浓盐水或白酒来擦拭，效果极好。、（5）铝合金门窗上的积垢，用布蘸牙膏擦拭，可擦得洁净亮堂。

（6）取一干一湿两块布，先用湿布将铝合金门窗两面擦一遍；再用干布蘸少量白酒，用力擦拭铝合金门窗，就能洁净亮堂。

（7）铝合金门窗上若有笔道，可用橡皮浸水摩擦，然后用湿布擦拭。

（8）铝合金门窗或镜子上染有油漆，可用棉花蘸松节油、热醋来擦拭。

（二）家庭除尘去垢

（1）打扫房间时，在地板上撒些雪，这样做，既扫得干净，又能避免起灰。

（2）擦门窗玻璃时，可先把洋葱去皮切成两半，用其切口摩擦玻璃，趁洋葱的汁液还未干时，迅速用干布擦拭，这样擦后的玻璃既干净、又明亮。

（3）白色的门窗、床单等，可用淘米水进行浸泡冲洗，具有明显的除垢去污和增白的效果。

（4）将软布放在凉的浓茶水中浸透，用它擦洗桌椅等家具，可使家具光亮如新。

（5）脸盆边上的积垢，用一小撮乱头发蘸点牙膏擦拭，可很快除去积垢。

（6）茶壶和茶杯内壁上的茶垢，可用细纱布蘸点牙膏擦拭，一

笔记：

擦就掉。

（7）各种容器上的油污，可先用废报纸擦拭，再用碱水刷洗，最后用清水冲净即可。

（8）将一些废白纸烧成灰，用其擦拭碗、碟、杯等瓷器，去污效果极佳。

（9）铝锅、铝盆、铝勺等铝制品上的污垢，可用食醋涂擦，这样擦过的铝制品既光洁照人，又不损伤其表层。

（10）厨房灶面瓷砖上的污物，可用一把鸡毛蘸温水擦拭，一擦就净。

（三）去除家具顽渍

（1）瓷砖接缝处的黑垢。挤适量牙膏在刷子上，纵向刷洗瓷砖接缝处；然后将蜡烛涂抹在接缝处，先纵向涂一遍，再横向涂一遍，让蜡烛的厚度与瓷砖厚度持平，以后就很难再沾染上油污了。

（2）茶几上的茶渍。经常在茶几上泡茶，时间久了会留下难看的片片污迹。可以在桌上洒些水，用香烟盒里的锡箔纸来擦拭，然后用水擦洗，就能把茶渍洗掉。

（3）木质家具表面的烫痕。如果把热杯盘直接放在家具上，漆面往往会留下一圈烫痕。可以用抹布蘸酒精、花露水、碘酒或浓茶，在烫痕上轻轻擦拭；或者在烫痕上涂一层凡士林，隔两天再用抹布擦拭，烫痕即可消除。

（4）木质家具表面的焦痕。烟火、烟灰或未熄灭的火柴等燃烧物，有时会在家具漆面上留下焦痕。如果只是漆面被烧灼，可以在牙签上包一层硬布，在痕迹处轻轻擦抹，然后涂上一层蜡，焦痕即可除去。

（5）白色家具表面的污迹。家中的白色家具很容易弄脏，只用抹布难以擦去污痕，不妨将牙膏挤在干净的抹布上，只需轻轻一擦，家具上的污痕便会去除。但注意用力不要太大，以免伤到漆面。

（6）地板或木质家具出现裂缝。可将旧报纸剪碎，加入适量明矾，用清水或米汤煮成糊状，用小刀将其嵌入裂缝中，并抹平，干后会非常牢固，再涂以同种颜色的油漆，家具就能恢复本来面目。

三、物品井然

人类本能地喜欢有条理的东西，例如人们更喜欢有对称性的东西。同样地，保持作息规律有序，能够帮助你随时保持良好的状态。但是，作息规律有序的保持不是一件容易的事情，有很多人做不到。家居整洁、摆放有序让人舒服，但人们常常为了省事，随手把衣物、配饰乱扔乱放，懒得走到相应的位置把物品有序摆放，长此以往，家里就会凌乱不堪。

整理物品，看起来是一件无关大局的小事情，但是实际上它的作用不容小觑。对于学生而言，拥有整洁有序的学习习惯有利于增强学习效果，对提高学习成绩有着举足轻重的作用。作为一名学生，应该时刻养成保持书桌整洁、书本干净、物品摆放有序的好习惯。对家庭成员而言，家是我们温暖的港湾，整理好它才能带给我们更多的正能量。

以下为保持物品井然有序的几点小技巧。

（一）懂得取舍

大家有一个通病，那就是"舍不得"，什么也舍不得扔。但是家里的空间是有限的，物品却一直在增多，长此以往家里的东西就会越来越多。懂得取舍很重要，没有用的东西就要舍得扔。一年都没有碰的东西果断扔掉，幻想可能几年后会用到的东西也扔掉。相信我，现在用不到几年后更用不到。

可能刚开始难以下决心去扔这些东西，那可以让它们再发挥余热，捐给需要的人，这样心里也能得到一份慰藉。

（二）不轻易添置物品

很多物品是一时冲动买下的，回家之后就进入吃灰状态。所以要明白自己真正需要的，比如在买衣服之前，先要知道自己需要的是一件在什么场合穿的衣服，然后直接去找这种衣服。对于那种可能能用到，可能用不到的就不要买。

除了少买，再就是买质量好的物品，这样可以提高自己的生活品质，也不至于买回来用了没几次就不想用了。

（三）将东西分类整理

家里太多的杂物很可能会产生一种杂乱的感觉。即使你已经把它整理好了，下次你需要使用它时，你也找不到它。结果就是，盒子翻了个底朝天，变得一团糟。处理这些小物品最简单的方法是将它们分类，然后放入各种类型的储物箱和篮子中，最后贴上个性化的标签，以便整理和查找。把各种物品分类整理，外套、裤子、内衣等分开收纳，只留当季的衣服在方便取拿的位置；证件、针线、药物、家用工具都分别放在固定的位置，用完之后一定放回原位，这样就不会到处找不到东西了。

（四）桌面上尽量少放东西

很多人都有随手把东西放到桌子上的习惯，就是这个"恶习"使我们的桌面越来越乱，所以一定要改掉这个习惯，桌面上以及房间内的任何一个平面都要少放东西，直接把东西放到它们应该在的地方，这样房间内就会显得很整洁。

（五）立即行动

要养成立刻行动的习惯。如果每天懒一点，越拖越不想动，久而久之就会无从下手。所以要养成立刻行动的习惯，看到不舒服的地方，立刻清理掉，每天利用零碎的时间，顺手就可以整理好。

（六）杜绝浪费

一是杜绝浪费钱。不花无谓的钱，只买需要的。二是杜绝浪费时间。利用好有限的时间，不要把时间浪费在"懒"上。三是杜绝浪费空间。排除多余的物品，放一些愉悦身心的装饰品，使家变成一个温暖舒心的地方。

（七）巧用收纳盒

可以在电视柜和侧边柜里面添加分隔收纳盒，把一些小东西放在里面，然后在开放式层架上面放收藏品、书、碟片等。这样客厅会变得更加的整齐。

在购买厨房用品的时候，可以买抽屉式橱柜、下拉式橱柜，把各种物品按功能分类收纳。此外，还可以购买一些挂钩贴在墙面上面，把抹布之类的零碎物品挂起来。刀具用刀架放置好，放在安全的地方。

梳妆台上零碎的东西较多，夹子、皮筋、香氛等物品随意摆放是常见的事情，不仅在视觉上不美观，还变得更加杂乱。小巧的梳妆盒，内置格子分类摆放，解决了小巧物品的收纳难题。

用小纸盒或者抽屉专用的收纳隔断工具收纳凌乱的小配饰、各种会员卡、药片、零食等。

> **探究与分享**
>
> 整理物品时，常常按照一定的分类标准对物品进行分类。按照什么样的分类标准对物品进行分类效率最高？

四、起居其他常识

（一）饭前要洗手

饭前应该洗手是众所周知的，但在一个人的生活中，饭前洗手可能并不是常常能做到。主要原因是人们缺乏饭前洗手的意识。

"病从口入"这是人们都知道的,然而,不少病其实是经过手进入口的。日常生活中的各种活动,都要经过手去触碰。手沾染细菌及各种病毒的机会自然相当多。

有人对人手上的细菌做过研究,就痢疾杆菌来说,手上的带菌率非常高,国内某些报告达 15% 左右,日本相关报告达 8.2%。每个人的手纹里、指甲盖里与指甲盖边缘,都可能带几十万乃至几千万个病毒和细菌;有些人留了很长的指甲,里边滋生的细菌就更多了。手上可能沾有许多类型的细菌,包括几乎所有导致肠道感染的细菌。痢疾、各种食物中毒、传染性肝炎、伤寒、霍乱等均可通过手传播;许多肠道寄生虫病(蛔虫病、鞭虫病等),甚至肺结核、流感等呼吸道传染病,都可以通过手传播。被细菌、病毒污染的手是许多传染病的"帮手"。为了健康长寿,我们应该非常注意手部卫生。饭前洗手是阻断细菌、病毒进入人体的关键。养成饭前洗手的好习惯是预防疾病和强身健体的大事。

(二)健康的睡眠姿势

背躺、放下手臂被认为是健康脊柱最好的睡姿之一。如果你患有颈部疼痛,睡在这个位置也是一个不错的选择。但与其健康益处相反,这种睡眠姿势也有一些缺点。据研究人员介绍,睡眠者往往比睡在其他位置的人更容易打鼾。睡在背上也会导致睡眠呼吸暂停等问题。

背躺、双臂向上的睡觉姿势俗称海星的姿势,对背部有好处。无论你的手臂是在两侧、向上,还是在枕头周围,睡眠在这个位置可以有利于健康的多种方式。这种睡眠姿势不仅有助于颈部疼痛的治疗,而且可以防止皮肤破裂和面部皱纹。然而,像上述位置一样,它也会导致打鼾问题。此外,手臂抬起可以给肩膀上的神经施加压力,这会导致疼痛。

胎位是最糟糕的睡眠姿势之一,因为它会导致一些颈部和背部的问题。许多人喜欢在蜷缩的位置睡觉,因为他们觉得舒服,然而,极度蜷缩的姿势不仅会导致颈部疼痛,而且禁止深呼吸。这个姿势对孕妇也不好。

(三)选择舒适的枕头

我们每天的睡姿基本都不会是一样的,所以,要挑选适合自己睡姿的枕头。比如,有喜欢侧卧着睡觉的,那么,可以选高一点的枕头;而对于那些仰卧睡觉的人来说,选中等高度的枕头就可以。

有些人喜欢软一点的枕头,这样睡起来比较柔和;有些人喜欢用硬一点的,睡起来比较凉快。实际上,如果我们长期睡在软枕头上面,很有可能导致过度的疲劳;而硬一点的枕头也会感觉头部非常不舒服，所以，建议选择软硬兼备的枕头。

任务四　家　政　娴　熟

家是我们日常生活中最常出现的场景。作为人们活动最为频繁的场所，家中的大小物什或是财务状况避免不了会出现问题。因此在保持衣食住行、起居有序之余，还需要对家庭资产进行管理。

一、家庭管理

随着家庭收入增长和财富的累积，市场的不确定性风险越来越多地影响着家庭的经济能力，家庭财务变得越来越重要。因为生活不可避免地涉及必要的经济支出，如果一个家庭没有起码的经济能力来保障各个家庭成员的需求，这个家庭势必会解体。

（一）理财

1. 家庭理财的概念

家庭理财是指学会有效、合理地处理和使用金钱，最大限度地提高自己开支的有效性，实现日常生活需求最大化满足的目标。简而言之，家庭理财就是利用企业财务理念和财务管理方法来规划和管理家庭财务（主要指家庭收入和支出），增强家庭的经济实力，提高抵御风险的能力，增加家庭的收益。从广义上讲，合理的家庭理财也可以节约社会资源，提高社会福利，促进社会的稳定发展。

2. 不同人生阶段的家庭理财特征[24]

（1）求学期

这个时期的财务来源主要是父母提供，压岁钱和勤工俭学获得的收入成为有机补充。这个时期，财务开销较大，出多进少，属于典型的消费期。理财以教育投资为主，同时可考虑购买保费较低的意外险和医疗险。

（2）家庭形成初期

此阶段刚步入社会，薪水不很高，生活走向自立，开始财物积累。此阶段突出特点为热身工作而又喜交友旅游，敢于尝试消费和接触新鲜事物。理财应注重培养自己定期储蓄的习惯，为成家等积累资金；同时可抽出部分资本进行投资，目的在于获取投资经验。

（3）家庭形成前期

这个阶段经济收入增加且相对稳定，家庭建设支出也最为庞大，包括贷款购房／车，置办家具，抚育子女、赡养老人等。由于家庭收入由一份变成两份，消费由原来两个单个个体变成一个家庭单位，因此很容易积累资金。

（4）家庭成熟期

这个时期家庭债务逐渐减轻，子女也走向独立，而自身的工作能力和经济能力都进入佳境，家庭开支也相对较少。所以此阶段可扩大投资，理财的侧重点宜放在资产增值管理上，并以稳健型投资方式如债券为重点。

（5）退休期

这个阶段的理财是让金钱为精神服务，一方面整理一下过去的理财工具，安排好养老金的领取方式，准备颐养天年；另一方面，则要开始规划遗产及避税问题，因为保险是免征遗产税和利息税的且指定受益人。

3. 家庭理财的内容

一般来说，一个完备的家庭理财计划包括八个方面。

（1）职业计划

选择职业首先应该正确评价自己的性格、能力、爱好、人生观，其次要收集大量有关工作机会、招聘条件等信息，最后要确定工作目标和实现这个目标的计划。

（2）消费和储蓄计划

必须决定一年的收入里多少用于当前消费、多少用于储蓄，与此计划有关的任务是编制资产负债表、年度收支表和预算表。

（3）债务计划

对债务必须加以管理，使其控制在一个适当的水平上，并且债务成本要尽可能降低。

（4）保险计划

随着事业的成功，拥有越来越多的固定资产，需要财产保险和个人信用保险；为了子女在离开后仍能生活幸福，需要人寿保险；更重要的是，为了应付疾病和其他意外伤害，需要医疗保险，因为住院医疗费用有可能将积蓄一扫而光。

（5）投资计划

当储蓄一天天增加的时候，最迫切的就是寻找一种投资组合，能够把收益性、安全性和流动性三者兼得。

（6）退休计划

退休计划主要包括退休后的消费和其他需求及如何在不工作的情况下满足这些需求。光靠社会养老保险是不够的，必须在有工作能力时积累一笔退休基金作为补充。

（7）遗产计划

遗产计划的主要目的是使人们在将财产留给继承人时缴税最低，主要内容是一份适当的遗嘱和一整套避税措施，比如提前将一部分财产作为礼物赠予继承人。

（8）所得税计划

个人所得税是政府对个人成功的分享，在合法的基础上，完全可以通过调整自己的行为达到合法避税的效果。

4.投资理财的方向[25]

（1）储蓄

储蓄或存款，是普通居民家庭把节约的钱存到银行的经济活动，也是人们最常使用的一种投资方式，是大多数居民的首选理财方式。储蓄作为一种传统的理财方式，具有安全可靠（受宪法保护）、手续方便、形式灵活、还具有继承性的特点。银行吸收储蓄存款以后，再把这些钱以贷款的方式投入社会生产过程，并取得利润。作为使用储蓄资金的代价，银行必须付给储户利息。因而，对储户来说，参与储蓄不仅支援了国家建设，也使自己节余的货币资金得以增值或保值，成为一种家庭投资行为[5]。

（2）购买基金

这里的基金主要指证券投资基金，是指通过发售基金份额募集资金形成独立的基金财产，由基金管理人管理、基金托管人托管，以资产组合方式进行证券投资，基金份额持有人按其所持份额享受收益和承担风险的投资工具。自1997年首批封闭式基金成功发行至今，基金一直备受国内个人投资者的推崇，截至2022年，公募基金已经达到27万亿份，成为最受关注的投资理财方式。

购买基金具有小额起投、集合投资、专家理财和风险分散的特点。基金的起投金额都不高，投资者可以利用手中的小额闲散资金进行投资；基金将吸收的社会闲散资金全部集合到一个基金产品中，再进行巨额投资；对于没有时间精力深研证券市场的中小投资者来说，投资基金就获得了专家优势，能够很好地避免盲投导致的亏损；基金管理团队通常会建立科学的投资组合来降低风险，增加收益。

拓展阅读

投资理财风险提示

投资理财是一项风险与收益并存的活动，收益就不多说了，接下来为大家列举一些投资理财中常见的风险。

（1）市场风险：投资理财涉及市场波动风险，市场行情可能会因各种因素而发生变化，导致投资价值的波动。

（2）信用风险：在投资理财过程中，可能会面临债务人无法按时偿还本息的风险，这可能会导致投资者遭受损失。

（3）政策风险：政策变化可能会对投资市场产生重大影响，投资者需要密切关注相关政策的变化，以及其对投资的潜在影响。

（4）不可预测的风险：投资理财涉及很多不可预测的风险，如自然灾害、政治事件等，这些风险可能会对投资产生不利影响。

所以在进行理财投资时应该充分了解风险，并根据自身的风险承受能力和投资目标做出明智的投资决策。同时，多样化投资组合、定期评估和调整投资策略，以及寻求专业的投资建议也是降低投资风险的有效方法。

尤其是近几年电信诈骗频发，大家在进行投资理财之前要认真学习投资理财相关知识和法律法规，选择理财产品要慎重且合法合规，选择正规合法的投资渠道，不要轻信不熟悉的广告和平台，保护好个人信息，谨防被骗。如遇到不规范的平台要立即举报。

（3）购买股票

股票是股份公司所有权的一部分，也是发行的所有权凭证，是股份公司为筹集资金而发行给各个股东作为持股凭证并借以取得股息和红利的一种有价证券。购买股票的收益包括红利和股票市价的升值部分。公司发放红利，大致有三种形式，现金红利，股份红利、财产红利。一般大多数公司都是发放现金股利的，不发放现金红利的主要是那些正在迅速成长的公司，它们为了公司的扩展。需要暂存更多的资金以适应进一步的需要，这种做法常常为投资者所接受。由于股息是股票的名义收益，而股票价格则是经常变化的，因此比较起来，股票持有者对股票价格变动带来的预期收益比对股息更为关心。有专家分析，今后资金供求形势相对乐观，这对于资金推动型的中国股市无疑是打了一剂强心针。再加上中国证监会对上市公司的业绩计算、融资额等提出了更加严格的要求，加强了对股市的监管，这将给投资者带来赢利的机会。但不管怎么样，股市的最大特点就是不确定性，机会与风险是并存的。因此，投资者应继续保持谨慎态度，看准时机再进行投资。

（4）购买国债

债券是政府、企业、银行等债务人为筹集资金，按照法定程序发行并向债权人承诺于指定日期还本付息的有价证券。国债是由国家发行的债券，是中央政府为筹集财政资金而发行的一种政府债券，是中央政府向投资者出具的、承诺在一定时期支付利息和到期偿还本金的债权债务凭证，由于国债的发行主体是国家，所以它具有最高的信用,被公认为是最安全的投资工具。国债市场品种众多,广大投资者有很多的选择。对国债发行方式也进行了新的尝试和改革,进一步提高了国债发行的市场化水平,以尽量减少非市场化因素的干扰。需要说明的是企业债等其他类型债券的安全性一般没有国债高,投资时需要详细了解相应债券的风险。

（5）购买外汇

购买外汇是指投资者为了获取投资收益而进行的不同货币之间的兑换行为,通常指静态汇兑。其特点是风险大,但风险可控,操作灵活,杠杆比率大,收益高。随着人民币升值和美元汇率的持续下降,使越来越多的人通过个人外汇买卖,获得了不菲的收益,也使汇市一度异常火爆,各种外汇理财品种也相继推出,如商业银行的汇市通、中国银行和农业银行的外汇宝、建设银行的速汇通等供投资者选择。

（6）购买保险

保险是一把财务保护伞,它能让家庭把风险交给保险公司,即使有意外,也能使家庭得以维持基本的生活质量。保险投资在家庭投资活动中也许并不是最重要的,但却是最必需的。收益类险种一般品种较多,它具备保险最基本的保障功能,能够给投资者带来收益,保障与投资双赢。

家庭财产保险是用来补偿物质及利益经济损失的一种保险。已开办的涉及个人家庭财产保险有：家庭财产保险、家庭财产盗窃险、家庭财产两全保险、各种农业种养业保险等。人身保险是对人身的生、老、病、死以及失业给付保险金的一种险种。主要有养老金保险系列、返还性系列保险、人身意外伤害保险系列等。

成功理财的五大标志是：获得资产增值、保证资产安全、防御意外及疾病事故、保证老有所养及给子女提供教育基金。而购买保险又恰恰实现了这些目标,能为家庭资产锦上添花。所以说,保险是一种特殊的投资,它不可或缺,是"平时当存钱,有事不缺钱,投资稳赚钱,受益免税钱,破产保住钱,万一领大钱"。

5.家庭理财的风险防范

（1）要对风险进行预测

家庭投资要仔细计算一下家庭的收入、现金、实物资产以及金融资产,分析各自的投资风险。只有认清各项理财的风险才能减少风险。

（2）要通过转移来降低风险

家庭应通过合法的交易和手段,将投资风险尽可能地转化出去。如家庭不直接参与投资项目,而向承担项目的个人或单位投资,让部分利益给承担者,这样,家庭便可不承担风险。转移风险的常见方法有：在保险公司购买保险；债权投资中设定保证人；为避免利率、汇率、物价变动形成的损失，在交易市场上进行套头交易，买进现货时卖出期货，或卖出现货时买进期货等。

（3）要把风险分散开

应注重资产结构的优化组合，主要可采用分散投资资金的方法，也就是我们常说的"不把全部鸡蛋放在同一个篮子里"，尽量将投资风险分散在几个不同的投资上，以便互补。一个慎重的、善于理财的家庭，应把全部财力分散于储蓄存款、信用可靠的债券、股票及其他投资工具之间。这样，即使一些投资受了损失，也不至于满盘皆输。

（4）要做好风险补偿

这是对家庭投资已遭受损失后的一种补救方式。家庭应从投资收益中定期按比例提取一定的资金，建立风险损失准备，对风险进行补偿，稳定家庭生活。

（二）家庭保健

1. 家庭保健的概念和意义

（1）家庭保健的概念

家庭保健就是以家庭为单位所进行的，以防治疾病、促进健康为目的的涉及预防、治疗以及康复等的卫生保健行为。

（2）家庭保健的意义

开展家庭保健的目的就是发挥家庭保健方面的作用，保护和促进家庭成员的身心健康。具体而言，家庭保健是实现社区保健服务的有效途径，是实现自我保健的桥梁，可改变不良的生活方式，可创造良好的家庭生活环境，有利于多种疾病的预防和治疗。

2. 家庭保健的内容与方式

1）开展家庭健康教育

家庭健康教育主要包括生理教育、智力培养、心理教育和婚前教育四个方面。

（1）生理教育是关于人类的生殖、生活、生理需要，以及其他方面性行为的教育，又称性教育，一般包括受孕、胚胎与胎盘的发展，妊娠和分娩，也包括性交传染疾病（性病）和预防，以及避孕。

生理教育的主要内容有：男女生殖器官的解剖学知识；发育期的身体变化状况；生育的过程；性的道德教育；计划生育、优生知识等。

（2）智力开发是指培养人的智力以提高劳动者素质的活动。基本内容是提高人的观察力、记忆力、想象力和思维能力。主要途径是通过教育。智力开发离不开必要的智力投资。

（3）心理教育是心理素质教育与心理健康教育的简称，它是教育者运用心理科学的方法，对教育对象心理的各层面施加积极的影响,以促进其心理发展与适应、维护其心理健康的教育实践活动。其目标是培育良好的性格品质、开发智力潜能、增强心理适应能力、激发内在动力、维护心理健康、养成良好行为习惯。即育性、启智、强能、激力、健心、导行。

心理教育是一项利教、促学、益社会的奠基工程,有利于教育教学的科学化、有利于素质教育的落实、有利于教育者自身的优化,有助于学生的心理健康、有助于学生的全面发展、有助于学生主动成长,有益于校园的和谐、有益于社区的安定、有益于社会的文明。

(4) 婚前教育的内容包括:婚前评估;婚姻生活实际问题的了解;两性亲密关系的建立;良好的沟通;角色扮演与冲突解决;个人与家庭经营;婚姻关系长久与巩固。

婚前教育是为了帮助情侣们为其亲密关系建立一个好的开始,借由婚前的准备与了解,使当事人有能力去面对婚姻问题与做选择。

2) 建立健康的家庭生活方式

(1) 家庭健康膳食的安全是餐饮过程最重要的原则。具体来说,家庭健康膳食安全包括以下内容。

① 购物安全:无论水果、蔬菜、肉、鱼、禽、蛋、虾等都要挑新鲜的(活的),不能贪便宜,最好从超市购买,其次从规范的农贸市场购买。

② 存放安全:特别注意奶粉、饼干、面条及瓶、袋、盒装食品等保质期,蔬菜原则上不要放冰箱,肉食一般冷藏2~3天。

③ 厨房安全:事先做好准备工作,点火后人就不可离开;注意溢锅、烧干、油锅起火;做饭、菜时原则上使用小火或中火,尽量不用大火;地面保持干净,注意防滑;注意刀具使用安全。

要保持厨房整体卫生干净、整洁,摸起来不粘手、没有油渍,没有苍蝇、蟑螂等昆虫,物品摆放整齐、方便、分类有序,碗、筷、抹布、砧板、刀具等用具定期消毒。

尽量每天清洁冰箱,冷藏部分用热毛巾擦后再用干毛巾擦干。

及时检查储物及时清理过期食物和药品。

(2) 保持作息规律。作息规律是指工作和休息遵循一定的规律去进行,这不仅仅是时间上的规律,同时也是程序上的规律,样样都有固定的时间和先后之分,做到科学道、合理。另外,饮食的时间和量的多少。

保持作息规律能有效提高身体的免疫能力,促进身体的排毒,提高工作效率。

(3) 家庭环境卫生。家庭是所有成员长时间居住的地方,家庭环境卫生关系到所有成员的身心健康。保持家庭的卫生整洁,不仅能够带来良好的居家环境，也能够给人带来好心情，但是要保持却不容易。以下为保持家庭卫生整洁的几点技巧。

①用过的物品放回原处。家里脏乱，都是因为家庭物件的秩序乱了，所以在家里一定要有一个简单地用物原则，那就是东西用完要放回原位。

②勤打扫。每天早上起来，轻打扫，比如床铺整理、地面整理、桌面清理等大概十分钟，保持整洁习惯。

③及时整理。干净的家是因为有好习惯的成因，所以家里哪里脏了，第一时间处理掉，而不是等到一个集中时间，脏乱会引发更严重的脏乱，这就是破窗理论。所以但凡哪里脏了，第一时间整理干净，这样就让每次打扫不会得很累。像内衣，袜子等小物件当天就洗掉，大件的衣服，可以堆积一两天，及时处理，晾晒，这样可以防止衣服生霉菌。

一周可以制定一个家庭大扫除的日子，这样既能够增进感情，还能在扫除中让大家都能够增强保持卫生的习惯。

3）保持家庭心理健康

用积极的心态面对身体疾病、生活难题和人际关系，是家庭健康的基础。通过营造温馨、和谐的家庭环境能够保障家庭成员的身心健康。保持家庭心理健康首先需要做到尊重、理解，并学会交流，多给予关怀和鼓励；其次要合理安排全家的膳食生活，调节好家人的睡眠和休息，适当安排文化娱乐节目。

4）开展医疗保健服务

（1）家庭病床

家庭病床是以家庭作为护理场所，适宜在家庭环境下进行医疗或康复的病种，可以让病人在熟悉的环境中接受医疗和护理，既有利于促进病员的康复，又可减轻家庭经济和人力负担。家庭病床的建立使医务人员走出医院大门，最大限度地满足社会医疗护理要求，服务的内容也日益扩大，包括疾病普查，健康教育与咨询，预防和控制疾病发生发展；从治疗扩大到预防，从医院内扩大到医院外，形成了一个综合的医疗护理体系。

（2）家庭医生

家庭医生不是私人医生。家庭医生，是健康的"守门人"，是以家庭医疗保健服务为主要任务，主动向普通家庭成员或者特殊老年群体提供诊疗随访管理、康复、护理、安宁疗护、心理干预疏导等上门服务和指导，使人足不出户就能解决日常健康问题和保健需求、普通疾病能得到及时治疗，及时得到康复护理服务。

数据显示，截至2020年年末，我国60岁及以上人口约2.8亿，占全国人口的近20%，我国已步入中度老龄化社会。在这样的大背景下，提升社区一线健康监测和管理能力显得尤为重要。目前我国老年人家庭医生签约服务处于发展起步阶段，如何加快覆盖、有效覆盖、增量提质实现"签而有约"，成为2023年全国两会代表委员讨论的一个热点话题。

我国的家庭医生队伍发展缓慢，目前家庭医生未得到全国性普及。发展缓慢的原因有四个方面：第一是家庭医生数量有限，实践中，家庭医生往往利用科技手段尽可能采用互联网、远程医疗、电话、视频等方式为签约人提供服务。但是隔着屏幕带来的"不贴肉"，影响了签约人对家庭医生签约服务的获得感。第二是国家医疗保险患者及社会医疗保险的患者不能享受在家里治疗的报销政策。第三是医院没有在家庭医生这方面做过多的宣传，许多人对此还不了解。为此，有人建议：整合现有资源，加强老年医学人才及医护人员的培养和在职、转岗培训力度，确保家庭医生队伍增量提质和存量优化；加快健康管理师、心理咨询师、康复师、营养师等人才建设，满足现代人多元化、个性化需要。

（3）家庭护理

家庭护理是一种居家照顾病人的护理方式。护理人员可根据病人的需求提供许多不同类型的家庭护理，例如医疗护理、生活护理、饮食护理和心理护理等。家庭护理非常适合那些希望足不出户或者不便出户的人获得日常帮助，从幼儿到老年人，残疾人或患有疾病，任何人都可以享受家庭护理。尤其是近年来，探讨老年人家庭护理需求的研究逐年增加，这是老龄化社会护理事业发展的需要，因此了解家庭护理也显得十分必要。

拓展阅读

家庭护理师

家庭护理师是指专门为需要照顾和护理的个人提供家庭护理服务的专业人士。家庭护理师通常在患者的家中提供护理和照顾，以满足患者的日常生活需求和医疗护理需求。

家庭护理师的职责可能包括但不限于以下几方面。

（1）日常生活照顾：为患者提供日常生活中的基本照顾，如协助洗澡、穿衣、进食等。

（2）医疗护理：根据患者的医疗需求，提供医疗护理服务，如输液、换药、监测生命体征等。

（3）康复护理：协助患者进行康复训练和活动，帮助患者恢复或提高日常生活能力。

（4）病情观察和记录：观察患者的病情变化，及时记录并报告给医疗团队，以便及时调整护理计划。

（5）与医疗团队协作：与医生、护士和其他医疗专业人员密切合作，确保患者得到全面的医疗护理。

（6）提供情绪支持：与患者建立良好的沟通和关系，提供情绪上的支持和安慰。

（7）家庭教育和指导：向患者的家人提供必要的护理教育和指导，以便他们能够更好地照顾患者。

家庭护理师需要具备相关的护理知识和技能，以及良好的沟通和人际关系技巧。他们通常需要接受专业的培训和持续教育，以保持专业水平和更新的护理知识。

家庭护理师的服务可以极大地改善需要照顾和护理的个人的生活质量，并为他们提供舒适和安全的居家环境。同时，家庭护理师也能够减轻患者家人的负担，使他们能够更好地平衡工作和家庭责任。

二、家居日常维修技能

（一）抽油烟机清洗及保养常识

（1）为了避免油烟机噪声或震动过大、滴油、漏油等情况的发生，需要定时对油烟机进行清洗，以免电机、涡轮及油烟机内表面粘油过多。

（2）清洁或保养油烟机前，请务必先拔下电源插头，并戴上防护手套，切忌用水直接进行清洗。

（3）截油罩应每周清洗，用软布清洗外表面即可。

（4）用柔软的湿布清洗内腔，勿使用硬物或钢丝球。

（5）使用清洁剂清洗表面，勿使用钢丝球、研磨海绵或其他腐蚀性液体清洁表面。

（6）油杯内储油2/3时，应及时清理，防止溢出。拆卸时先顺时针旋转50°，再向下拆下油杯即可。

（7）每年应联系专业人员清洗一次连接油烟机烟管和厨房烟道的止回阀，避免因为油污导致止回阀不能正常开启或者关闭不严，导致抽烟效果不好或者烟道的油烟倒灌。

（二）木地板日常保养常识

（1）忌用湿拖把直接清洁地板，用浸湿后拧干至不滴水的抹布或拖把擦拭地板表面。拖地后最好打开门窗，让空气流通，尽快将地板吹干。

（2）为保持地板的美观并延长漆面使用寿命，建议每3个月用地板蜡或地板精油进行保养。避免因空气过干或过湿，引起木地板开裂或吸水发胀、翘曲。

（3）建议在门口处放置蹭蹭垫，以防带进尘粒，刮伤地板。

（4）地板表面的污渍及油渍用家庭清洁剂进行清洁，勿用碱水、肥皂水等腐蚀性液体擦洗，以免损坏油漆膜。

（5）避免用尖锐硬物直接接触地板表面，以免刮伤漆膜。

（三）地板砖和石材日常保养常识

（1）地板砖和石材釉面都有肉眼见不到的缝隙，勿在表面留存有色液体。

（2）地板砖日常清洁用清水或稀释的洗洁精拖地。

（3）石材遇到刮花或有污垢无法清除切勿自行打磨，需请专业人士打磨处理。

（4）石材需不定期地进行保养，根据使用污染程度一般半年或一年打磨镜面处理保养一次，保持光亮如新。

（四）淋浴屏日常保养常识

（1）勿用酸性、强碱性洗涤剂和有机溶剂（如酒精、天那水、氨水、丙酮等）擦洗产品表面，建议使用中性洗涤剂进行清洁。尼龙制品会使产品失去光泽，易形成污垢。

（2）电镀件应用绒布轻擦，勿用粗糙布擦拭。

（3）当产品上粘有异物时，可用软布沾中性洗涤剂擦洗。勿使用刀片或金属刷，以免刮花产品。

（4）淋浴玻璃门需轻开轻关，避免撞击损坏或伤及身体。

（5）淋浴玻璃门是碱性的，应采用中性清洁剂，避免用酸性的清洗剂，以免腐蚀玻璃；避免硬物划伤玻璃；避免干燥的情况下擦拭玻璃，因为可能会在玻璃表面留下小的划痕。

（五）五金龙头和洗菜盘保养常识及简单维修技巧

（1）用细软的布沾中性清洁剂、膏（如牙膏）来清洁表面，然后用清水清洁表面，不可以使用碱性清洁剂或者百洁布、钢丝球来搽试，以免使电镀表面受损。

（2）每隔一段时间，将洗菜盘加满（50∶1=水∶漂白溶剂），浸泡15~20分钟，然后清洗底部和四周。

（3）淋浴龙头的莲蓬头金属软管应保持自然舒展状态，不要将其盘绕在龙头上造成死角，以免折断或损伤软管。

（4）强酸、强碱性物质容易使五金洁具面失去光泽，因此对于厨盆和龙头来说都要注意防止接触。

（5）水龙头和给水管之间都是用角阀来控制水的开关，可以调节角阀的松紧来控制水压的大小。

（6）洁柜的提拉杆在水龙头背面，提拉时不可以用力过猛，避免连接件被拉断。

（六）马桶保养常识及简单维修技巧

（1）坐便器盖板忌与研磨性化学制剂和化妆品（如指甲油和须后水）直接接触，可使用洗洁精加水清洗盖板，或者使用坐便器盖板专用清洁剂，用柔软的海绵或抹布清洗。

（2）马桶盖板和座圈宜用软布清洁，禁用强酸、强碱和去污粉清洁，勿使用挥发剂、稀释剂或其他化学物清洗，否则会腐蚀表面。勿使用钢丝刷、刀片等锋利器物清洁。

（3）马桶盖板装在无水箱、低水箱时，人不可向后靠，否则会导致折断。

（4）马桶盖板应轻开轻关，避免与水箱直接碰撞留下斑痕而影响美观；或可能导致断裂。

（5）勿在水箱内加入如"蓝精灵"等净化产品，以免对水箱内配件造成腐蚀。

（七）入户门和户内门的保养常识及简单维修技巧

（1）开启与关闭门扇时，忌用力过猛，以免造成门吸松动或影响门吸寿命。

（2）房门溅上水后应用干布擦拭干净，忌用过于湿的抹布擦拭，以免木门翘曲变形。

（3）清除木门表面污迹时，宜采用软的棉布清理；若污迹太重时，可使用中性清洁剂、牙膏或家具专用清洗剂去污后再干擦。

（4）门锁和门吸都是金属配件，在潮湿环境下可能会生锈，需定期擦拭表面的污垢。

（5）为保持木质门的光亮色泽，可定期打蜡或涂抹天然油精进行保养。

（6）当门扇开启困难或者与门框摩擦严重，需用螺丝刀固定合页螺丝，情况严重的请联系商家上门调整。

（八）橱柜保养常识及简单维修技巧

（1）橱柜台面忌大力砍剁，特别是砍骨头等，防止台面因受过大力而发生开裂。

（2）人造石台面污渍可使用家用清洁剂清理，顽固污迹需采用中性清洁剂及百洁布擦洗。

（3）橱柜台面切忌放置过热的东西，最好在台面上垫一层保护垫进行隔热，避免台面因受热而发生色变和开裂的情况。

（4）橱柜板材为高密度板，日常使用时尽量不要沾水，当遇到水时应马上擦干。

（5）平时开合洁柜门时应避免过度用力，应轻轻开合，以延长洁柜的使用寿命。

（6）合页、拉手等五金件在潮湿环境下可能会生锈，锈蚀产品需及时更换。

（7）人造台面石和瓷砖墙面、洗菜盘接缝材质为玻璃胶，玻璃胶在潮湿环境下容易发黑或者滋生霉菌，需要定期地清洗和重新打胶封闭。

（九）铝合金门窗保养常识及简单维修技巧

（1）积灰、变形是铝合金门窗推拉困难的主要原因，需定期使用吸尘器吸去推拉槽内和密封毛条的积灰。

（2）铝合金门窗可用软布蘸清水或中性洗涤剂，避免使用去污粉、洗厕精等强酸碱的清洁剂。避免干燥的情况下擦拭玻璃，以免留下刮痕。

（3）勾锁、执手、锁扣等铝合金门窗的易损部位，需时常检查，定期加润滑油保持干净、灵活。

（4）密封毛条和玻璃胶封是保证门窗密封保温的关键结构，如有脱落要及时修补更换。

（5）遇雨天、回暖天请关紧门窗，避免雨水或者潮气进入室内，损坏室内物品。

（十）空调维修及日常保养知识

1. 开机前的维护

通常家用空调机使用到9月就关机停用，到次年5月至6月才开机，停用半年多。所以空调开机前一定要做一次全面的"诊断"，查一查空调设备有否"毛病"，根据清查结果，在专业技术人员指导下，做好维护清洗工作。这次维护清洗要比较到位，含室外机和室内机的外壳、机体、过滤网，然后开始试运行，观测制冷速度和效果。

2. 开机过程中的维护

空调开机后视环境条件、气候条件、开机时数，周围灰尘、空气洁净度、房间是否干净等诸多因素决定空调开机过程中的维护次数。环境条件欠佳，天气炎热，空调机陈旧，空调开机时数长，空调开机过程中的维护次数增多，通常一个半月维护一次；若环境条件好，空调机比较新，空气中灰尘少，空调开机合理，与电风扇交替使用，可以适当延长维护周期，从空调开用到空调停用维护1~2次。维护应认真、仔细，不留死角；符合规范，提高制冷速度、制冷效果，达到节能、清新、舒适。

3. 关闭后的维护

天气转暖，空调机开启，天气转凉，空调机关闭，这是常年规律。注意空调机关闭前对室外机、室内机作一次全面仔细的检查。保养、维护、清洗要一环扣一环，不能脱节；易漏环节更应扣紧，严格检查。完成上述环节后，套好空调机机罩，防止灰尘污染，防止空调机滴水与进水，保持洁净，准备来年再用；这样做，能清洁、节能、延长空调设备的使用寿命。对知名品牌的优质分体机，柜机要重点保护，充分发挥节能效果。

4. 清洗方法

空调机的清洗应该包括三个部分：①空调机体外壳和裸露部分，容易受污染的部件；②过滤网清洗，是核心最重要部位；③冷凝器和蒸发器部分，比较少见。

关于空调机体外壳和相应部件的清洗简单，只要在清水中加少许肥皂粉和洗洁精，或专门空调机清洗液就可以把空调机相当部分清洗干净，符合清洗操作要求。

至于家用空调清洗的关键部位是过滤网的清洗。首先把空调室内机盖打开，取出过滤网，用干净过滤网刷子刷一刷，把附在过滤网上的绝大部分脏物刷干净；然后浸泡在含有特效空调机清洗液或自制清洗液或洗洁精和肥皂粉的混合液中，浸泡10~20分钟，视过滤网肮脏度而定；浸泡完用毛刷轻轻刷过滤网，让每个滤孔清澈透明、无脏堵痕迹；再用特殊擦净布擦干，检查完好无损，把过滤网安装到机体后，视运行是否正常。若正常可以签单验收，清洗工作结束。

家用空调机清洗有利于提高制冷效率，有利于延长家用空调机设备的寿命，有利于提高节能效果，有利于用户身体健康。

三、购物、陪护

（一）购物

购物是现代人一种常见的生活消遣，正确的消费理念不仅可以让人身心愉悦，还能锻炼身体；但是如果不合理控制就会给自己带来很大的经济负担。

购物的时候货比三家，挑选自己最满意的。不要相信广告，因为大多都是骗人的。在当面看货品的时候如果自己没有把握就请一个懂行的朋友来帮忙，买完东西后索要货物的单据看上面有没有财税发行的发票。

购物时要按照自己所需要的购买，不要买自己经济能力承受不起的，要树立正确的消费观。量入为出，适度消费；避免盲从，理性消费；保护环境，绿色消费。

（二）陪护

陪护一般指家政和医疗行业的特殊专业护理人员。家政陪护包括老人陪护、病人陪护、情感陪护、医院陪护等。

老人陪护的职责在于：护理老人个人卫生、健康；按照老人饮食的基础原则，让老人科学合理地进食，保证老人的营养需求；掌握老人的起居特点，使老人安全舒适地生活。

病人陪护的工作任务包括：根据病人良好的习惯，对病人的日常生活进行护理，按医嘱为病人提供营养丰富的饮食；采取不同的护理技术，让病人减轻病痛，尽快帮助病人恢复健康。

情感陪护是指对情感受到挫折或者内心需要慰藉的人进行心理开导和治疗，帮助患者走出心理阴影和误区，开始新的生活。

医院陪护通常是指在医院里照料行动不便或者有特殊病痛的病人，负责病人的饮食起居。医院陪护也叫医院护工。

护工的素质要求包括：护工基本素质、仪表要符合相关要求；护工陪护患者要主动热情、服务态度好，尽快帮助患者适应环境、减轻痛苦；定期检查护工对患者的服务质量及病人满意度；每周检查一次患者家属提出问题的解决情况；患者对陪护满意率在85%以上。

实践活动1

争做家务小能手

良好的家庭环境有赖于每一个家庭成员。为了拥有更加健康的家庭环境，全国各高校的大学生理应争做家务，共建美好家园。

请拍摄一段参与家务劳动的视频。视频中要包含如下内容：

（1）该项家务活动的过程；
（2）该项家务活动的目的；
（3）该项家务活动是否存在优化的空间。

1. 过程记录
（1）活动开展计划：_____
（2）活动开展关键点：_____
（3）活动开展难点及解决方案：_____
（4）活动心得体会：_____

2. 结果评价

教师可参考表4-2对学生拍摄的小视频进行评价，各组之间进行比拼。

表4-2 "争做家务小能手"评价表

评价标准	分值	分数小计	教师评价
采集内容创新，立意高	30分		
剧本完成认真，内容完整	20分		
按要求及时完成素材	20分		
设置恰当的视频转切换效果	10分		
字幕设计，说明画面	10分		
画面设置合理，呈现效果好	10分		

实践活动2

Get新技能，管家我来做

尺有所短，寸有所长；每个人都有自己独特的素质和能力，从多元化的价值观视角看，孰优孰劣无法轻易断定。在市场经济条件下，个人的价值需要通过他在创造经济效益的活动中所起的作用来体现，在效益这一杠杆的衡量下，个人的素质和能力就显现出优劣之分。

请以寝室为单位，结合本章所学制定一份技能学习表，寝室成员共同参与并互相监督习得技能。

1. 过程记录
（1）活动要点：
（2）活动难点及解决方案：
（3）心得体会：

2. 结果评价

教师可参考表4-3对学生参与"Get新技能，管家我来做"活动的情况进行评价。

表4-3 "Get新技能，管家我来做"活动评价表

评价标准	分值	分数小计	教师评价
技能实用程度	25分		
技能创新程度	25分		
技能熟练程度	25分		
按时完成任务	25分		

笔记：

项目五
激流勇进：上好校园劳动这堂课

素质目标

（1）在校园生活中做好绿色环保的践行者、垃圾分类的倡导者、寝室美化的建设者和公共环境卫生的维护者。

（2）从我做起，从小事做起，养成劳动的习惯。

知识目标

（1）理解"绿水青山就是金山银山"的内涵，掌握绿化环保行动的要点和践行低碳校园生活的方法。

（2）明白校园环境维护的意义，掌握共建无烟校园和维护校园环境秩序的方法。

技能目标

（1）掌握垃圾分类的标准、原则和投放要点。

（2）熟悉文明寝室的建设要求和特色寝室的建设标准。

项目简介

劳动教育在学生成长的道路上不可或缺，职业院校作为国家教育体系的重要组成部分，以为国家培养素质高、能力强的综合型人才为目标，因此在职业院校开展劳动教育具有重要的现实意义。当前，高职院校在劳动教育方面开展方面虽然取得了一定的成绩，但是在教学、师资等方面仍存在一定的问题，需要采取有效的措施促进劳动教育完善发展[7]。

案例导入

劳动必修课受质疑：把学生当免费劳动力

四川某学校将劳动教育设置为必修课，课程内容涉及校园卫生、校园门岗执勤、学校食堂餐盘清理、参与校园绿化维护等。且规定劳动教育的学时和学分，要求学生每学期上满24学时，才能获得2个学分。

对此，有人提出质疑，这是把学生当成免费劳动力？

面对舆论，学校解释说，劳动教育也是学校人才培养教育的内容之一，旨在培养学生劳动意识。为此，学校不仅没有减少开支、减少后勤人员，学校还设立专用资金用于给学生购买服装、劳动工具，还安排专门的辅导老师指导劳动教育这门课程。

想一想：

（1）你如何看待该校的劳动必修课？为什么？

（2）劳动必修课的出发点是什么？你希望从劳动必修课中收获什么？

工作任务

任务一 做绿化环保践行者

生态环境保护是功在当代、利在千秋的事业，我们要清醒认识保护生态环境的紧迫性和艰巨性，清醒认识加强生态文明建设的重要性和必要性，做绿化环保的践行者。

5-1 微课

一、绿水青山就是金山银山

习近平总书记指出："我们既要金山银山，又要绿水青山。宁可要绿水青山，不要金山银山。因为绿水青山就是金山银山。"这深刻地体现了习近平总书记把保护生态放在首位的鲜明态度和坚定决心。

在茫茫的宇宙中，除了地球之外，目前尚未发现其他适合人类生存的星球。地球是我们人类赖以生存的唯一家园。在这个家园里，除了人之外，还有各种各样人类所赖以生存的生命和物质，如花草树木、虫鱼鸟兽、空气、水等。这些生命和物质与人类一起构成了这个和谐的地球。

地球给我们所有的生命一个适合生存的支持系统——水、空气、光、热以及各种能源等。如果这样的支持系统遭到破坏，不只是动植物的生存环境会受到破坏，包括人类在内，也会受到不等程度的影响。所以，只有保护环境，保护我们赖以生存的地球，才能保护我们人类自己，才能使人类的文明发展得更远，让人类的生活环境更舒适。

> **探究与分享**
>
> **谈谈你对环境保护的认识**
>
> 2022年10月21日，在党的二十大新闻中心举行的主题为"建设人与自然和谐共生的美丽中国"记者招待会上，生态环境部党组成员、副部长翟青表示，生态环境部将全面贯彻党的二十大精神，不断开创生态环境保护工作新局面，以高水平的生态环境保护推动高质量发展、创造高品质生活，为建设美丽中国、全面推进中华民族伟大复兴贡献力量。
>
> 生态文明建设是中华民族永续发展的千年大计，也是维护人类社会生存和发展的重要途径。保护生态环境可以维护生态平衡，保障生物多样性，维持生态系统的稳定；可以维持人类生存环境，保护人类健康；可以保障资源供应，维持社会经济的可持续发展；可以传承文化遗产，弘扬人类精神文明。
>
> 保护生态环境，我们可以做些什么呢？

二、绿化环保行动

保护环境，人人有责。让中华大地天更蓝、山更绿、水更清、环境更优美，需要动员全社会力量推进生态文明建设，需要把保护环境化为自觉行动。具体要从以下两个方面做起。

（一）形成绿色价值取向

什么是绿色价值取向？习近平总书记关于"绿水青山"与"金山银山"关系三个言简意赅的重要论断，对此做了生动阐释和系统说明。

"绿水青山就是金山银山"，强调优美的生态环境就是生产力、就是社会财富，凸显了生态环境在经济社会发展中的重要价值。"既要金山银山，又要绿水青山"，强调生态环境和经济社会发展相辅相成、不可偏废，要把生态优美和经济增长"双赢"作为科学发展的重要价值标准。"宁可要绿水青山，不要金山银山"，强调绿水青山是比金山银山更基础、更宝贵的财富；当生态环境保护与经济社会发展产生冲突时，必须把保护生态环境作为优先选择。

坚持绿色发展，需要我们形成绿色价值取向，正确处理经济发展同生态环境保护的关系，牢固树立保护生态环境就是保护生产力、改善生态环境就是发展生产力的理念，更加自觉地推动绿色发展、低碳发展、循环发展，绝不以牺牲生态环境为代价换取一时的经济增长。

（二）形成绿色生活方式

绿色生活方式与我们每个人的生活息息相关，体现我们对绿色发展理念的认同度、践行力，对绿色发展和生态文明的最终实现具有基础意义、关键作用。

保护环境，人人有责；绿色发展，人人应为。这个"应为"，就是倡导和践行勤俭节约、绿色低碳、文明健康的生活方式与消费模式。

推动形成绿色生活方式，需要我们坚持节约优先，强化节约意识，在衣、食、住、行、游等方面形成节约的行动自觉；倡导环境友好型消费，推广绿色服装、提倡绿色饮食、鼓励绿色居住、普及绿色出行、发展绿色旅游，抵制和反对各种形式的奢侈浪费、不合理消费。

促进生活方式绿色化，时时可做、处处可为。大到购买节能与新能源汽车、高能效家电、节水型器具等节能环保产品，小到减少塑料购物袋、餐盒等一次性用品使用，以致随手关灯、拧紧水龙头，都是在践行绿色生活方式和消费理念，都是在为绿色发展做贡献。

绿色发展是理念，更是实践；需要坐而谋，更需起而行。只要我们坚持知行合一、从我做起，坚持步步为营、久久为功，就一定能换来蓝天常在、青山常在、绿水常在，就一定能开创社会主义生态文明新时代、赢得中华民族永续发展的美好未来。

Get 小技能

如何做环保行动派

1. 节约用水篇

（1）用盆和桶接水来洗东西比直接用水冲洗更省水。

（2）淘米水可用来洗菜或洗碗，洗完菜的淘米水可用于浇花，残余茶水可用来擦家具。

（3）菜先拣后洗，能够避免浪费水。

（4）改用洗洁精洗瓜果蔬菜为用盐水浸泡冲洗。

（5）将老式旋转式水龙头换为节水水龙头。

（6）洗衣机漂洗的水可做下一批衣服洗涤用水，最后一次洗涤水可用来拖地、洗拖把或冲厕所。

（7）集中洗涤衣物，少量小件衣物可手洗；使用适量无磷低泡洗衣粉，可减少漂洗次数及对水质的污染程度。

2. 绿色节电篇

（1）空调：①根据居住间实际需要选择空调功率；②夏季使

笔记：

用空调，温度设置在 26℃。

（2）照明：①和普通白炽灯相比，节能灯耗电及热辐射减少 80%，使用寿命延长 8 倍；②随手关灯；③充分利用天然采光，减少室内光源能耗；④尽可能使用可调光。

（3）热水器：①燃气热水器比电热水器更节能、环保；②不使用时，关闭热水器开关；③如条件允许，尽可能采用太阳能热水器。

（4）使用每个插孔有独立开关的节能型插线板，以控制待机能耗，确保用电安全，并可为家庭节省 30%～40% 的电能损耗。

（5）计算机、电视关机，不待机。

3. 绿色消费篇

（1）选用绿色食品或有机食品。

（2）买菜和购物用环保袋或菜篮子。

（3）购买家电选用节能环保的产品。

（4）装修居室选用环保建材。

（5）购买汽车要选低排放、省油、节能的。

（6）不使用一次性筷子、餐盒、塑料袋等物品。

（7）选用无磷洗衣粉、洗涤剂。

（8）不吃野味。

（9）不购买豪华包装的产品。

（10）在饭店吃饭不奢侈浪费，剩余的饭菜打包回家。

（11）购买二手或者翻新的物品。

（12）购买可循环利用的产品。

（13）少买不必要的衣服。

（14）减少住宿宾馆时的床单换洗次数，住宾馆带上洗漱用品。

4. 绿色出行篇

（1）多坐公交和地铁等公共交通工具。

（2）多骑自行车，节能又方便。

（3）路程不远的就步行，健康又环保。

（4）养成文明驾车的好习惯，合理保养爱车。

（5）积极响应每月少开一天车的环保公益活动。

三、低碳校园生活

工业革命以来，人类经济发展的相关活动及在日常生活中排放的二氧化碳，大大超出了地球对二氧化碳的自然负荷能力。这导致全球气候发生显著变化，对全球自然生态系统产生了明显影响。于是，人类开始反思自己的行为，"低碳"概念应运而生。

所谓"低碳"，就是倡导人们在生活、生产中，尽量减少二氧化碳排放，以减缓全球变暖的趋势。顾名思义，低碳生活是人们为减少二氧化碳排放，主动、自发养成的一种新型生活方式。在减少二氧化碳排放的过程中，个人的努力具有"聚沙成塔"的意义。

知识链接

温室效应与全球变暖

地球表面的热量主要来自太阳，太阳辐射（可见光）抵达地球后，部分被光亮的表面（如海冰、云层）反射到太空，部分使地球升温。地球表面会释放出红外线回太空，令地球冷却。如果地球受热和冷却的程度相约，地球的长期平均温度就会保持大致不变。

假如地球没有大气层，物理定律指出地球表面的平均温度会是 $-18°C$ 左右。

但地球是有大气层的。大气层中的一些气体（如二氧化碳），阻碍地球将热量射出太空。温室气体会吸收部分地球释放的红外线，然后向四方八面释放红外线；部分红外线会射出太空，但也有部分射回地球，使地表表面加热，这就是温室效应，而那些气体就是温室气体。

温室气体浓度的增加会减少红外线辐射到太空，使热力在地球积存，导致气候系统变暖。地球表面变暖是气候暖化的表现之一。地球表面温度上升可能会引发其他的转变，当中某些转变可使暖化加剧（正反馈）。例如，气候变暖使海冰和雪盖减少，暴露更多海洋和陆地表面；由于海水和陆地的反射率较海冰和雪低，地球吸收太阳热力的能力会增加；海洋和陆地吸收更多热力后变暖，使更多海冰和雪盖融化，形成恶性循环。

作为大学生，我们应如何为节能减排做出自己的贡献呢？

首先，要树立绿色低碳意识，认识到节能减排的紧迫感和使命感，牢固树立绿色低碳理念，人人争做绿色低碳标兵，处处体现绿色低碳文化，时时参与绿色低碳行动。

其次，要养成绿色低碳习惯，从小事做起，节约用电、节约用水、节约用纸、节约粮食，爱护树木、不践踏草坪，讲究卫生、不乱丢杂物，绿色出行、少乘机动车，不用一次性用品、少用塑料袋、不买不必要的物品，避免浪费每一粒粮食，打印纸张时使

笔记：

用双面打印，废旧物品再利用及废电池单独分类处理，等等。

最后，要主动宣传绿色低碳生活方式，散播绿色低碳的"种子"，带动周围的人形成绿色低碳的生活态度，以实际行动参与低碳校园的建设。

（资料来源：胡庆东，余博鹏，陈京远.温室效应与全球变暖[J].科技创新导报，2012(23):2.）

探究与分享

日常生活中，还有哪些好的习惯能帮助我们节能减排？

除此之外，学生还应开展节能减排的科技创新，通过把这些日常节能减排方面的知识应用到实际生活中，发现问题并通过科技创新更好解决问题，发明一些节能减排的作品，积极参加节能减排社会实践与科技竞赛。

任务二　做垃圾分类倡导者

今天，垃圾围城成为困扰全球大城市的难题，具体现象包括填埋场侵占土地、垃圾造成长期污染、垃圾焚烧厂被周边居民抵制等。解决垃圾围城问题，离不开垃圾分类。

5-2 微课

一、垃圾分类新时尚

"垃圾是放错了地方的资源。"垃圾分类就是将垃圾分门别类地投放，并通过分类清运和回收使之重新变成资源。习近平总书记在上海市考察时指出，垃圾分类工作就是新时尚；他勉励大家把这项工作抓实办好。全民参与垃圾分类，具有以下几方面的意义。

（一）减少环境污染

我国现有的垃圾处理方式包括填埋和焚烧。通过填埋处理垃圾，即使远离生活场所对垃圾进行填埋，并采用相应的隔离技术，也难以杜绝有害物质渗透，这些有害物质会随着地球的循环而进入整个生态圈，污染水源和土地，通过植物或动物，最终影响人们的身体健康。另外，垃圾焚烧也会产生大量危害人体健康的有毒气体和灰尘。

在所有垃圾中，其实有很大一部分是可以不需要填埋，也不需要焚烧的。如果我们能够做好垃圾分类，就能减少垃圾的填埋和焚烧，从而减少环境污染。

（二）节省土地资源

垃圾填埋和垃圾堆放等垃圾处理方式占用土地资源，且垃圾填埋场都属于不可复场所，即填埋场不能够重新作为生活小区。此外，生活垃圾中有些物质不易降解，将使土地受到严重侵蚀。

据统计，垃圾分类可以使人均生活垃圾产生量减少 2/3，从而节省大量土地资源。

（三）促进资源的循环利用

垃圾的产生源于人们没有利用好资源，将自己不用的资源当成垃圾抛弃，这种废弃资源的方式对整个生态系统造成的损失是难以估计的。在垃圾处理之前，通过垃圾分类回收，可以将垃圾变废为宝，例如：回收纸张能够保护森林，减少森林资源的浪费；回收果皮蔬菜等生物垃圾，可以作为绿色肥料，让土地能够更加肥沃。

此外，垃圾分类有利于改善垃圾品质，使得焚烧（或填埋）得以更好地无害化处理。以垃圾焚烧为例，分类能助力焚烧处理做得更好，可起到减量（减少垃圾处理量）、减排（减少污染排放量）、提质（改善燃烧工况）、提效（提高发电效率）等作用。

（四）提高民众价值观念

垃圾分类是处理垃圾公害的最佳解决方法和最佳出路，进行垃圾分类已经成为一个国家发展的必然路径。垃圾分类能够使得民众学会节约资源、利用资源，养成良好的生活习惯，提高个人的素质素养。一个人能够养成良好的垃圾分类习惯，那么他也就会关注环境保护问题，在生活中注意资源的珍贵性，养成节约资源的习惯。

拓展阅读

垃圾分类已成上海市民"新时尚"[26]

自 2019 年 7 月 1 日《上海市生活垃圾管理条例》施行以来，垃圾分类投放已然成为上海社区居民的"新时尚"。上海的小区中，大多数居民区的垃圾分类投放工作井然有序，垃圾分类新时尚蔚然成风。

"对国家社会有益的事情，我们就要去做。"在长宁区北新泾街道新泾八村做了 1 个月志愿者的陈阿姨已年逾古稀，"通过做志愿者，我认识了小区里的好多朋友。原来邻里之间互不往来，现在都很熟络了。不少年轻人看到我这么大年纪还在帮他们分垃圾，就不好意思不分了。"

多数居民均表示，虽然"定时定点"分类投放垃圾让他们在一定程度上失去了"扔垃圾自由"，但这关系到生活环境的改善和资源的节约，是造福子孙后代的"大好事"，因此理应克服困难，改变固有的垃圾投放习惯。

"新时尚"为何能获得广泛认同？

"为培养居民垃圾分类的文明习惯，居委会走入居民的家门，送上'三件套'入户包——一本垃圾分类指导手册、一个冰箱贴和一只挂壁式垃圾袋支架。手册由志愿者手绘；冰箱贴上印着自编的分类口诀和分类搜索二维码；垃圾袋支架是专门定制的，在橱柜门上夹个塑料袋，湿垃圾就能很方便地'撸'进袋子里。"虹叶居委会党总支书记王静华说，居委会和志愿者们还在小区进行了一系列宣讲活动，横幅、海报、撤桶通知牌、分类指示牌等悉数"上岗"……

"投放点开放期间，有志愿者、保洁工守着；但延时投放点没有志愿者指导，分类的效果相对没那么好，有时会出现垃圾错分、厨余垃圾没除袋等现象。"薛勇强表示，"目前，24小时投放点仍需要物业、保安、保洁加强巡查，发现堆放的垃圾即时处理，也鼓励居民相互进行文明监督。"

此外，有的小区还通过先进表彰、社区红黑榜等方式，增强居民垃圾分类积极性，让人人崇尚垃圾分类"新时尚"。"公布红黑榜，是为了督促那些垃圾分类做得还不好的楼层居民向做得好的居民看齐。原先一些觉得分不分类无所谓的居民坐不住了，觉得自己楼层被贴了'哭脸'很丢脸。"瑞虹第一居民区党总支书记华磊说。

在"精细化""科学化"的推进下，少数社区居民从不理解、不配合到认识到垃圾分类的必要性和迫切性，提高了自身的环保意识，让垃圾分类"新时尚"在上海落地开花。

二、垃圾分类标准[27]

2019年11月15日，新版《生活垃圾分类标准》发布，同年12月1日起正式实施。与2008版标准相比，新标准将生活垃圾类别调整为可回收物、有害垃圾、厨余垃圾和其他垃圾四大类，其对应标志如图5-1所示。

新版生活垃圾分类标志分别由四大类标志和12个小类标志组成，具体见表5-1，其中厨余垃圾和其他垃圾又可称为湿垃圾和干垃圾。

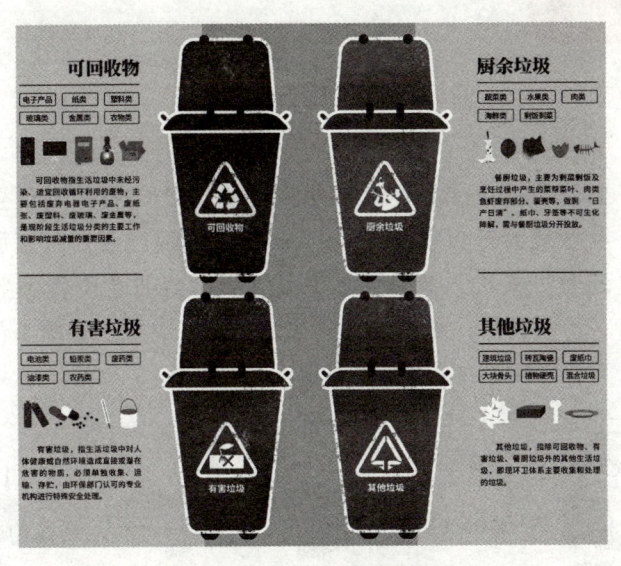

项目五　激流勇进：上好校园劳动这堂课

图 5-1　四大类生活垃圾标志

表 5-1　标志的类别构成

序号	大　类	小　类
1		纸类
2		塑料
3	可回收物	金属
4		玻璃
5		织物
6		灯管
7	有害垃圾	家用化学品
8		电池
9		家庭厨余垃圾
10	厨余垃圾（也可称为"湿垃圾"）	餐厨垃圾
11		其他厨余垃圾
12	其他垃圾（也可称为"干垃圾"）	—

注：除上述四大类外，家具、家用电器等大件垃圾和装修垃圾应单独分类。

探究与分享

有人认为，垃圾分类有什么难的，不就是从一个桶分成了四个桶？你认同这种观点吗？结合你的体会谈谈垃圾分类最重要的是什么。

笔记：

> **知识链接**
>
> ### 分类后的垃圾到底去哪儿了
>
> #### 1. 可回收物
>
> 可回收物通过"直接卖给废品回收企业""投放到设置在居住区公共区域的可回收物收集容器中""投放到两网融合服务站点"这三种方式进入废品回收系统，然后经再生资源回收服务点、站、场收集后，通过市场化渠道运往各类再生资源工厂再生利用，变废为宝，如图5-2所示。 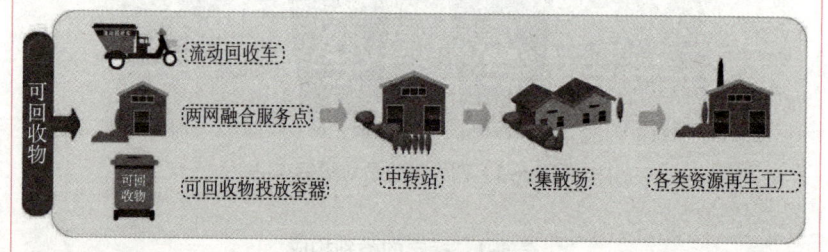
>
> 图5-2 可回收物的去处
>
> #### 2. 有害垃圾
>
> 有害垃圾投放到有害垃圾收集容器后，专用的收集车会将有害垃圾运送到暂存点，随后由环卫专用有害垃圾车辆运输至中转站进行分拣和存储，最后进入各类危废处理企业进行无害化处理，如图5-3所示。 
>
> 图5-3 有害垃圾的去处
>
> #### 3. 湿垃圾
>
> 湿垃圾投放到设置在居住区公共区域的"湿垃圾"收集容器中后，由小区物业保洁员短驳至垃圾箱房，再由环卫通过湿垃圾专用收集车辆收运至湿垃圾资源化利用厂，实现日产日清，如图5-4所示。郊区主要通过"就地就近、一镇一站"的湿垃圾处理设施和分散设备进行资源化处理。 
>
> 图5-4 湿垃圾的去处

4. 干垃圾

干垃圾投放到设置在居住区公共区域的"干垃圾"收集容器中后，经分类短驳到垃圾箱房，随后由环卫"干垃圾"专用车辆运输，实现定期清运，如图 5-5 所示。

图 5-5　干垃圾的去处

三、垃圾分类操作

（一）分类原则

进行垃圾分类，关键要掌握分类原则：可回收物记材质，玻、金、塑、纸、衣；有害垃圾非常少，主要是废电池、废灯管、废药品、废油漆及其容器；湿垃圾看是不是很容易腐烂，是不是容易粉碎；其他的就都是干垃圾了。当发现有不能准确判断类别的垃圾时，也可以把它归为干垃圾。

> **探究与分享**
>
> 香水瓶、牙刷、牙膏皮分别属于什么垃圾？应该如何投放？

（二）投放要点

1. 可回收物

可回收物（图 5-6）指适宜回收可循环利用的生活废弃物。
投放要求：
（1）应尽量保持清洁干燥，避免污染。
（2）立体包装物应清空内容物，清洁后压扁投放。
（3）易破损或有尖锐边角的应包裹后投放。

2. 有害垃圾

有害垃圾（图 5-7）指生活垃圾中对人体健康或自然环境造成直接或潜在危害的物质，必须单独收集、运输、存贮，由环保部门认可的专业机构进行特殊安全处理。

笔记:

图5-6 可回收物

图5-7 有害垃圾

投放要求:

(1) 投放时应注意轻放。

(2) 易破碎的及废弃药品应连带包装或包裹后投放。

(3) 压力罐装容器应排空内容物后投放。

另外,公共场所产生有害垃圾且未发现对应收集容器时,应携带至有害垃圾投放点妥善投放。

3. 厨余垃圾

厨余垃圾又称为湿垃圾(图5-8),即易腐垃圾,指食材废料、剩菜剩饭、过期食品、瓜皮果核、花卉绿植、中药药渣等易腐的生物质生活废弃物。

投放要求：

（1）湿垃圾应从产生时就与其他品种垃圾分开收集。

（2）投放前尽量沥干水分，有外包装的应去除外包装投放。

另外，公共场所产生湿垃圾且未发现对应收集容器时，应携带至湿垃圾投放点妥善投放。

图 5-8 湿垃圾

4. 其他垃圾

其他垃圾又称为干垃圾（图5-9），指除可回收物、有害垃圾、餐厨垃圾外的其他生活垃圾，即现环卫体系主要收集和处理的垃圾。

投放要求：投入干垃圾收集容器，并保持周边环境整洁。

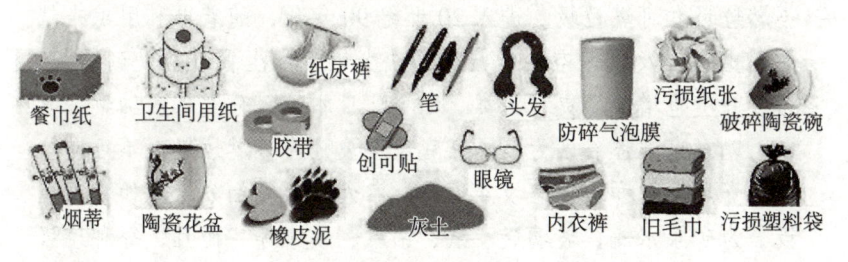

图 5-9 干垃圾

5. 大件垃圾

大件垃圾（图5-10），如沙发、床垫、床、桌子等，可以预约可回收物回收经营者或者大件垃圾收集运输单位上门回收，或者投放至管理责任人指定的场所。

大型电器电子产品也属于大件垃圾，如空调、电冰箱、洗衣机、电视机等，处理此类垃圾时可联系规范的电子废弃物回收企业预约回收，或按大件垃圾管理要求投放。

需要注意的是，小型电器电子产品包括笔记本电脑、手机、电饭煲等，可按照可回收物的投放方式进行投放。

图 5-10 大件垃圾

笔记：

6. 装修垃圾

装修垃圾（图5-11），包括碎马桶、碎石块、碎砖块、废砂浆及废料等。装修垃圾和生活垃圾应分别收集，并将装修垃圾袋装后投放到指定的装修垃圾堆放场所。

碎马桶　　碎石块　　碎砖块　　废砂浆以及废料

图5-11 装修垃圾

> **拓展阅读**
>
> **国外垃圾如何分类处理**
>
> **1. 日本：垃圾分类品类细致复杂**
>
> 日本对垃圾分类要求非常严格，但也并非一蹴而就，而是经过了几十年的努力。
>
> 20世纪50年代，日本家庭的垃圾主要根据是否能焚烧分为不燃垃圾和可燃垃圾。进入20世纪90年代，随着再利用越来越受到重视以及填埋空间的减少，减少垃圾产生量日益受到重视，垃圾分类也增加了更多品类。如今，日本垃圾分类越发细致、复杂。以东京都涩谷区为例，家庭垃圾被分为可燃垃圾、不可燃垃圾、资源垃圾和大件垃圾4大类，各大类继续细分，例如资源垃圾分为矿泉水瓶、玻璃瓶、纸、铝罐、铁罐等。而且，每种垃圾要按规定时间放在指定地方，丢弃大件物品还需另付费用。如果未按规定分类或未在指定时间投放垃圾，垃圾将会被退回。
>
> 为解决废弃物回收问题，日本大力建设环境负荷小的"循环性社会"。《循环性社会形成推进基本法》提出，要减少废弃物的产生，促进资源的循环利用，还规定了减少产生、再利用、再生利用、回收热量、适当处理等的优先顺序，从而实现减少原料、重新利用、物品回收的法制化。
>
> 日本的垃圾分类从娃娃抓起。日本小学四五年级就专门开设了学习垃圾分类的课程，日常生活中一些未按规定分类的垃圾会被拍照，在学校作为反面教材使用。
>
> **2. 新西兰：分错垃圾会被警告甚至拒收**
>
> 新西兰大体上把家庭生活垃圾分为厨余垃圾、一般生活垃圾、塑料垃圾、纸质垃圾和玻璃制品垃圾。厨余垃圾主要包括果皮、果壳、果核、残羹剩饭等食物性垃圾，但不能包括食品包装、厨

房用纸和餐巾纸等。一般处理方式是使用厨余粉碎机，粉碎不掉的部分作为一般生活垃圾处理。垃圾分类还有许多细节需要注意。比如，纸质垃圾和塑料容器垃圾需经过基本清洁后放进可回收垃圾桶，玻璃制品垃圾也需清洁后单独放入专门的垃圾箱。2017年，奥克兰出台一项规定，对垃圾错误分类会进行警告甚至拒收垃圾。

垃圾运输车会在规定时间到不同街区集中收取垃圾。垃圾桶监督员会提前对可回收垃圾桶进行检查，如果其中不可回收垃圾的比例没超过10%，垃圾车会收走垃圾，但会在垃圾桶上放置橙色警告标识；如果比例超过10%，或其中含有尿布、有毒废物、液体、电线等，监督员就会在垃圾桶上放置红色标识，垃圾车将拒收垃圾。回访显示，这一措施有效改善了垃圾分类的状况。

3. 德国：教育民众自觉进行垃圾分类

德国的垃圾循环利用率达65%左右。在垃圾回收利用的整个链条中，两个关键环节起到重要作用：一是如何教育民众自觉进行垃圾分类；二是分类回收的垃圾如何进行专业处理再利用。自20世纪初，德国就开始实施城市垃圾分类收集。从最初的垃圾不分类，至目前的5类生活垃圾，德国民众接受了很长时间循序渐进的教育过程。

从幼儿园阶段起，孩子就要培养垃圾分类丢弃的习惯。到了小学，垃圾分类是课本内容，学校会系统性教导学生垃圾分类知识、对于保护生态环境的重要性等，从小培养垃圾分类的意识。在柏林，社区住宅楼有分门别类的垃圾桶。生活垃圾可大致分为5类：有机垃圾、包装垃圾、纸类、玻璃类和混合类垃圾。如果不按照分类丢弃垃圾，垃圾回收企业会拒收桶内垃圾。在后期处理阶段，对于有机垃圾、纸类、玻璃类等生活垃圾，以及特种的有害垃圾，企业会通过不同车队进行分类收集、专项运输送往不同种类的处理厂处理。

企业专业处理垃圾后，可以将有生产价值的原材料提取出来，向各产业针对性销售。据统计，德国垃圾回收行业从业人员超过25万，每年营业额达500亿欧元。

（资料来源：国外怎么进行垃圾分类[N]. 人民网，2022-01-24.）

任务三　做寝室美化时尚者

一、文明寝室建设要求

寝室是同学们学习、生活、休息的重要场所，寝室文明环境建设直接体现学生精神面貌和个人素质，直接关系大家的身心健康。同学们应将维护整洁文明寝室环境内化为自觉追求，外化为自觉行动，达到以下要求。

（1）文明寝室的环境总体应达到"六净""六无""六整齐"的目标。

①"六净"：地面干净、墙面干净、门窗干净、玻璃干净、桌椅橱干净、其他物品整洁干净。

②"六无"：无杂物、无烟蒂、无乱挂、无蛛网、无酒瓶、无异味。

③"六整齐"：桌椅摆放整齐，被褥折叠整齐，毛巾挂放整齐，书籍叠放整齐，鞋子摆放整齐，用具置放整齐。

（2）每天应自觉做到"六个一"、自觉遵守"六个不"，维护寝室良好生活环境。

①"六个一"：叠一叠被子、扫一扫地面、擦一擦台面、整一整柜子、理一理书架、倒一倒垃圾。

②"六个不"：异性宿舍不进出，外人来访不留宿，危险物品不能留，违规电器不使用，公共设施不损坏，果皮、纸屑不乱扔。

（3）在宿舍应杜绝不文明行为，不养宠物、不在宿舍楼内抽烟、不在门口丢放垃圾、不乱用公用电吹风等。

> **探究与分享**
>
> 你对寝室文明建设有什么好的提议？

二、特色寝室建设标准

特色寝室宣扬的是一种文化，是一种相互影响、彼此照应、和谐共进的良好氛围，对同学们文化修养、综合素质等各方面的提高有着很大的促进作用。

要建设特色寝室，首先要考虑寝室大部分人的特性、喜好、价值观等，其次再以此为方向营造出别具一格的"特色"文化。如果寝室大多数人都喜欢学习，便可以考虑建设学习型寝室；如果寝室大多数人喜欢运动，便可以考虑建设运动型寝室；如果寝室大多数人都对环保有一定兴趣，便可以考虑建设环保型寝室；与此类似的还有创业型寝室、自强型寝室、友爱型寝室、逐梦寝室、音乐寝室等。

在建设特色寝室时，可参考以下标准。

（1）全体寝室成员共同参与特色寝室建设，共同商议并确定特色建设方向。

（2）在干净整齐的基础上按照主题特色布置寝室，呈现出的效果符合指定特色，简单、大方、美观，别具匠心、新颖独特、让人眼前一亮。

（3）寝室布置含有若干个小设计，以彰显个性，传递寝室文化。

（4）有与寝室文化对应的"行为习惯养成计划""寝室团建活动安排"。

> **探究与分享**
>
> 你心目中别具一格的特色寝室是什么样的？

三、寝室美化设计与创意

（一）美化原则

（1）简单、大方：寝室往往不大，没有必要摆放过多物品装饰，否则会显得太杂。

（2）温馨、舒适：寝室是放松休憩的地方，在美化时要考虑营造一种温馨、舒适的氛围，让室内充满家的温暖气息。

（3）突出文化气息：寝室除了是放松休憩的地方，有时还会充当学习的场所，在美化时，要从色彩、风格上考虑这个因素，营造一个安静、适宜学习的空间。

> **Get小技能**
>
> **寝室美化小窍门**
>
> **1. 衣柜整理**
>
> 宿舍里的衣柜很大部分都是直筒式的，几乎没有隔断，在放置衣物时往往浪费了很多空间。衣柜隔板能够将衣柜划分区域，充分规整收纳空间。此外，还可以购买一些多层收纳挂筐，这样不仅能够将收纳的物品严格分类，还能够将贴身衣物、帽子、包分类收纳。如果宿舍的衣柜里没有挂衣杆，可以用"伸缩棒"代替。
>
> **2. 桌面美化**
>
> 下课看到乱糟糟的桌面，会非常影响心情。如何让桌子拥有更多收纳空间？①网格板收纳：网格板是一种轻便又实用的收纳工具，而且购买成本非常低。将网格板放置在桌面旁边的墙上，不仅能够将桌面的小东西收纳起来，同时也是一种很好的装饰方

笔记：

式。②桌下挂篮：桌下挂篮能创造隐形的收纳空间，可放置的东西还非常多样。

3.床边装饰

床边挂篮和床边挂袋是寝室非常实用的收纳和装饰工具，既能够放水杯、纸巾，还能放一些书，避免了爬上爬下来回拿东西，同时也可以保证床铺的整洁。

（二）创意要点

（1）彰显寝室文化：每个寝室都有不同的文化，在美化时要充分考虑自己的寝室文化，做出别出新意的美化设计。

（2）用材节约，变废为宝：低碳、绿色不仅是当下流行的概念，更应是我们践行的生活方式。在美化寝室时充分利用牛奶盒、饮料瓶、废纸箱等被忽略的生活垃圾和旧物，做成各种实用的日用品，不仅创意十足，更向周围的人传递了一种绿色的生活态度。

（3）彰显个性：寝室是每一个住在这里的人的"家"，由多个小空间组成，在美化时，每个人在兼顾大风格统一的基础上，也要考虑自己的审美偏好和兴趣爱好，打造属于自己的"私密空间"，彰显自己的个性。

探究与分享

关于美化寝室，你还有什么创意？

经典案例

工科男花300元装饰寝室 被赞"最美男寝"

1.男生寝室变成"天空之城"，创意源于山城天气

走进355寝室，当灯光亮起，被蓝色覆盖的屋顶折射的光，让整个房间犹如置身海洋一般，大海之蓝，清澈夺目。一颗颗黄色的五角星化作了夜空中最亮的星……

该寝室的主要设计者是吴康杰，来自浙江。从小住在临海地区的他，经常见到蓝色的大海。他说，设计灵感来源于重庆的天气。"来到重庆后，阴雨天气不少，蓝天白云很少见，夜空的星星更是几乎没见过，所以希望将蓝色的天空搬到寝室里来。"

除了对蓝天的渴望，吴康杰选择蓝色为寝室装扮的主色调，

还有一番用意。他解释道："每个颜色都会带给人不一样的情绪反应。蓝色，带给人一种深邃、平静的力量，能帮助人在喧闹的生活中静下心来。"他认为，大学生在日常生活中都比较活泼，但寝室是用来供学生学习和休息的，因此希望借助大量的蓝色，帮助寝室同学回归平静安宁的心理状态。

这个寝室的设计主题为"天空之城"。吴康杰从小喜爱动漫电影，宫崎骏的《天空之城》是他最喜欢的一部动漫电影作品，所以用了这个名字。虽然寝室的具体装饰与电影没有多大关系，但整体风格和给人舒适的感觉与电影一样。

2. 4人熬夜纯手工制作，约300元打造梦幻寝室

设计阶段完成后，寝室4个人开始动手，先从材料的购买和制作开始。

巨大的工作量难住了4位小伙子。"我们只买了几种颜色的海绵纸和卡纸，星星等图案都打算自己动手剪，但后来发现工作量太大了。"寝室长王强说。压力之下他们本想放弃自己动手的想法，去网上购买成品粘贴，"但成品花费过高，后来我们开会商量，决定坚持一下，手工制作试试看，哪怕不能成功也不留遗憾。"

寝室成员朱飞说，由于工作量太大，每周几乎天天满课的他们，只能牺牲中午和晚上的休息时间，在一周之内完成了所有装饰，有时为了赶进度还熬到半夜两点多。寝室从设计到装扮完成，仅花费了约300元。

3. 获奖后陆续被围观女生称干净漂亮胜过女寝

此后，同一栋公寓楼里不断有其他同学陆续来到他们寝室参观。曾有一名女生因社团活动需要进入他们寝室，看到寝室装饰后称赞说："第一次看到男生寝室如此干净整洁，比我们女生寝室还漂亮！"

此次装饰寝室，对吴康杰和他的室友来说，是一次加强沟通、促进情感交流的难得机会。"大一进来时寝室关系还好，后来慢慢变得有些冷淡，交流也变少了。趁着装饰寝室的机会，我们4个人的沟通比以前更多了，关系更好了。"王强说道。

下一步，他们将在保持整体装饰不变的基础上，根据个人特点，一起设计各自书桌前的墙面布置，让寝室更有家的感觉。

（资料来源：工科男花300元将寝室变成"天空之城" 被赞"最美男寝".南昌新闻网[N]，2015-04-29.）

笔记：

任务四　做公共区域环境维护者

一、呵护我们的"家"

众所周知，学校是有组织、有计划地进行教育的机构；同时，校园还是一个独立的生态系统，它有着自己的结构和功能。

（一）物质环境

校园物质环境主要是指校园内经过人们组织、改造而形成的校园学习环境，具体指校容、校貌、自然物、建筑物及各种设施等。这种物质环境自然是一种环境文化，它的作用体现了"桃李不言"的特点，能使学生自然而然地受熏陶、暗示和感染。干净、整洁的校园物质环境能加强学校各种物质的东西体现个性和精神，加深这种"无声胜有声"的教育作用。

（二）精神环境

校园精神环境是校园的灵魂，是学校师生认同的价值观和个性的反映，是一种潜在的教育力，具体体现在师生的精神面貌、校风、学风、校园精神、学校形象等方面。从学生个体角度看，精神环境又是心理环境。良好的心理环境会使人的精神愉快，具有催人奋发向上、积极进取、开拓创新的教育力量。

二、共建无烟校园

大量的科学研究表明，吸烟对人体健康的危害十分广泛。所有烟草中均含有可导致人体发生多种致死性和致残性健康问题的毒素；吸烟者患癌症，尤其是肺癌、心脏病、肺气肿及其他致死性疾病的危险性会明显增加。

据世界卫生组织调查显示，全年每6.5秒就有一人因香烟失去生命，香烟已成为继高血压之后的第二号杀手。有80%的肿瘤、75%的慢性阻塞性疾病和25%的冠心病都与香烟有关。而且，吸烟还会损害大脑，影响智力发育。

那么我们应该如何预防烟的危害，共建无烟校园呢？

（1）管好自己的口，做到不抽烟。为了自己的生命健康，也为了保护环境，学生应该有信心和能力约束自己。

（2）学生应该多了解有关吸烟危害的知识，增强自制力，自觉抵制诱惑。

（3）养成良好的习惯，早睡早起不熬夜，保持身体的健康状态。

（4）交友谨慎，远离那些有不良嗜好的朋友，选择一个良好的交友圈。

（5）积极参加控烟健康宣传活动，宣传校园禁烟行动，增强自身的控烟意识，约束吸烟行为。

> **拓展阅读**
>
> **无烟学校参考标准（适用于普通中高等学校）**
>
> 一、建立学校控烟制度
>
> （1）建立由学校领导牵头、相关职能部门共同参与的控烟领导小组，相关职能部门职责明确。
>
> （2）将控烟工作纳入学校年度工作计划，做到年初有计划、年终有总结。
>
> （3）制定校内控烟管理规章制度。制度中应包括下列核心内容。
>
> ① 任何人（包括外来人员）都不得在校园内指定吸烟区以外区域吸烟。
>
> ② 学校应设有兼职控烟监督员或巡视员，并有明确的工作职责。控烟监督员、巡视员应接受过相关的控烟知识培训。
>
> ③ 将履行控烟职责的情况作为师生员工评优评先的参考指标之一。
>
> ④ 教师不在学生面前吸烟，不接受学生敬烟，不向学生递烟。
>
> ⑤ 教师应劝阻学生吸烟。
>
> ⑥ 有鼓励或帮助教职员工戒烟的办法。
>
> 二、除指定室外吸烟区外全面禁烟，营造良好无烟环境
>
> （1）校园内除指定的室外吸烟区外，其他区域无人吸烟，非吸烟区无烟蒂、无吸烟者。
>
> （2）校园内重点区域，如大门、教学楼、宿舍楼、实验室、行政楼、会议室、教师办公室、室内运动场、图书馆、教职工和学生食堂、接待室、楼道、卫生间等有醒目的禁烟标识。
>
> （3）非吸烟区不得摆放烟灰缸及其他烟具。
>
> （4）吸烟区设置合理（室外、通风、偏僻）。
>
> （5）吸烟区悬挂、张贴有关烟草危害的宣传品。
>
> （6）校园内禁止烟草广告和变相烟草广告。
>
> 三、开展多种形式的控烟宣传活动
>
> （1）利用宣传栏、展板、广播、电视等形式进行控烟宣传。
>
> （2）利用课堂、讲座等形式对学生开展控烟教育，将烟草危害、不尝试吸烟、劝阻他人吸烟、拒绝吸二手烟等内容作为控烟

笔记：

核心知识点。

（3）将控烟教育纳入新生入学教育内容。

（4）利用世界无烟日开展控烟宣传活动。

四、加强控烟监督检查

（1）控烟监督员能认真履行劝阻吸烟人在非吸烟区吸烟的职责。

（2）全体师生员工均有对在校园内违反控烟规定的行为进行劝阻的义务。

（3）定期组织对学校各部门、各院系控烟工作进行检查，每年至少一次。

三、维护校园环境秩序

为维护良好的校园秩序，营造一个文明、整洁、健康、高雅的校园环境，建设平安校园、和谐校园，根据《高等学校校园秩序管理若干规定》[教育部（国家教育委员会令第13号）]，特制定以下校园文明行为规范。

（1）着装整洁得体，仪容端庄。

（2）行为举止高雅，谈吐文明。

（3）爱护学校花草树木，节约用水。

（4）乘坐电梯遵守秩序，先下后上，相互礼让。

（5）遵守学校环境卫生的有关规定，保持学校环境卫生，不随地吐痰、不乱扔杂物。

（6）文明如厕，保持卫生间清洁，爱护其设施。

（7）上课时遵守课堂纪律，候课时不得在楼道内大声喧哗。

（8）爱护教室设施，合理使用教学设备，保持干净整洁的教学环境。

（9）汽车、电动车、自行车停车入位，摆放有序。

（10）严禁在教学楼内的教室、办公室、楼道楼梯、卫生间及公共场所吸烟。

（11）观看教学展演展示、视听公共课讲座、参加会议等活动时，主动服从现场管理，遵守秩序，爱护礼堂、会议室等设施。

（12）进行教学和汇报演出活动时，要合理使用场地及设施设备，降低环境噪声分贝，防止影响学校周围单位和居民正常工作和生活。

（13）自觉遵守学校的各项规章制度，尊师爱生、团结和睦、教学相长，共同营造绿色健康的学习氛围和积极向上的工作环境。

（14）参加学校在本市组织的和赴外省、市教学汇报演出、比赛、游学活动时，保障安全、遵守纪律；尊重当地风俗习惯、文化传统；爱护文物古迹、风景名胜、旅游设施。

（15）如遇突发事件，师生员工应当服从学校统一指挥，配合应急处置。

（16）师生员工应当遵守网络信息管理的法律法规和有关规定，维护微信群安全和秩序，自觉抵制不良信息，不传播网络谣言。

（17）各系院、处室，校、系学员委员会，班委会，学员社团组织各负其责，形成共建、共管、共享的长效机制。

（18）充分利用校报、LED屏和各系板报等媒体，宣传文明行为，传播文明理念，营造全校促进文明行为的氛围。

（19）在开展校园精神文明建设中，学校应对在文明行为促进工作中做出特殊贡献的师生员工，给予表彰和奖励；对在校内发生的各种不文明行为，进行批评、劝告，对情节严重的给予严肃处理。

● 实践活动1

绿色校园，从我做起

21世纪以来，全球变暖和生活环境恶化严重威胁着人类的健康和生存。为了应对气候变暖，发展绿色低碳经济是全人类的共同使命。为了你，为了我，为了他，为了我们的全球大家庭，为了明天的美好生活，全国各地各校的学生都应该身先士卒带头倡导绿色低碳生活，共同建设绿色校园。

请围绕"低碳生活"制订一个"绿色校园，从我做起"的个人计划，并在生活中执行计划。

1. 过程记录
（1）计划要点：_____
（2）计划思路：_____
（3）计划可行性评估：_____
（4）计划实施要点：_____

2. 结果评价

教师可参考表5-2进行评价。

表5-2 "绿色校园，从我做起"个人计划评价表

评价标准	分值	分数小计	教师评价
计划完整	30分		
计划切实可行	20分		
计划有层次，目标有阶梯	20分		

续表

评价标准	分值	分数小计	教师评价
计划有反馈提升机制	10分		
计划可评测	10分		
计划有奖励机制	10分		

● 实践活动2

改善寝室面貌，提升文化格调

寝室是在校学生日常生活、学习、交流的重要场所，从某种意义上讲，学生寝室是反映学生精神境界和校风校貌的重要窗口。对于来自天南海北、性格迥异、爱好不同的学生，在寝室中营造干净整洁的环境、创造和谐的人际关系、营造文明温馨的寝室氛围、塑造独特的寝室文化，对于自身的成长助益颇多。

以寝室为单位，自主设定主题、设计方案，寝室成员共同参与改善寝室面貌、提升寝室的文化格调、彰显寝室的独特文化。

1. 过程记录

（1）主题选定：_____
（2）设计要点：_____
（3）实施难点及解决方案：_____
（4）心得体会：_____

2. 结果评价

寝室长可参考表5-3进行评价。

表5-3 "改善寝室面貌，提升文化格调"活动评价表

评价标准	分值	分数小计	教师评价
参与活动全过程	30分		
积极主动，献计献策	20分		
出色完成自己的任务	20分		
促进活动关键节点的推进	10分		
有创新意识	10分		
能充分发挥自己的优点	10分		

项目六
身临其境：充实职业体验技能包

素质目标

在校园生活中做好劳模精神的维护者，在走上工作岗位后成为工匠精神的践行者。

知识目标

（1）了解中国农业的发展、农村的现状与民俗民风、农民的品质。
（2）了解中国工业的发展、工人的品质、传统的工艺和通识的技能。

技能目标

明白劳模精神、工匠精神的意义。

项目简介

当代青年应当从校园出发，了解中国发展现状，传承时代精神、劳模精神、创业精神、工匠精神，以家国为业，树立远大的理想。

案例导入

如何权衡个人利益与集体利益

"缺氧气，不缺志气；海拔高，目标更高！" 2021年3月3日晚，"感动中国" 2021年度人物颁奖盛典播出。写给年度人物吴天一的颁奖词，铿锵雄劲——"缺氧气，但不能缺志气！"这是中国工程院院士、青海省心脑血管病专科医院原研究员吴天一的人生信条。

吴天一，新疆伊犁人。抗美援朝期间，年仅13岁的吴天一申请入伍，之后被分派到中国医科大学学习。1958年，吴天一跟随部队调防到青海，在这里他见到了大量因支援高原建设而患上高原病的患者，其中一位志愿军战友让他印象尤为深刻，也让他立志攻克高原病。可在当时，国内的高原医学研究还是一片空白。环境流行病学研究只有对自然人群的普查率达到95%以上，才能准确掌握人群患病率和危险因素。为了获得第一手的研究资料，吴天一把人生中的最好时光，都奉献给了青藏高原。

1979年至1992年，吴天一主持了历时十余年、覆盖10万人的高原病大调查，积累研究数据十几万份。为了拿到一份珍贵的样本，吴天一常常要一天骑行六七十里路。在调研途中，吴天一遭遇过多次车祸，14处骨折，右大腿至今还有一根十几厘米长的钢板。最严重的一次车祸，一根肋骨差一点就戳入心脏。他忍着钻心的疼痛，坚持康复训练，仅仅106天就又重新出现在了马背上。为方便科研调查，精通塔吉克语、汉语、英语和俄语的吴天一，又学会了藏语。

1991年，吴天一设计建成国内第一个高低压氧舱站。建成之初，舱体内各项指标没有确定的标准，需要志愿者进舱调试。吴天一说，"我是设计师，我进！"实验中，由于气压变化过快，吴天一的耳朵鼓膜被击穿。凭着不放弃的决心，他摸清了舱体运转的安全系数。

此外，长期的紫外线辐射让吴天一的双眼患上严重的白内障；由于多年的高原奔波，他患上慢性高原心脏病，戴着心脏起搏器工作20年……身体屡遭重创，可吴天一仍坚定地扎根在这片土地。"做高原医学研究，没有这样的付出，不可能会有这样的获得。"

2001年，青藏铁路修建，吴天一担任医学专家组组长，他主持修建了45个高压氧舱、38个低压舱，建立了三级救援体系，以确保每一位筑路工人都能得到最有效的高原救治。

在青藏铁路5年建设期间，14万铁路建设工人无一人因高原病死亡。在海拔4500米以上的大群体高强度作业中，这样的成绩堪称高原医学史上的奇迹。

如今，吴天一虽一身伤病，却仍乐观坚毅、步履不停。"我还要和时间竞走，有生之年继续和高原病战斗到底！"

2021年感动中国颁奖辞中这样说道："喝一口烧不开的水，咽一口化不开的糌粑，封存舍不下的亲情，是因为心里有放不下的梦。缺氧气，不缺志气！海拔高，目标更高。在高原上，你守望一条路，开辟了一条路。"

（资料来源：遭遇多次车祸．14处骨折的他让青藏铁路14万人免于高原病[N].新华社，光明日报，焦点访谈节目，2023.3.23.）

想一想：

（1）"摆烂""躺平"已经成为职场年轻人的口头禅，对此你怎么看？

（2）你认为应该如何处理个人利益和集体利益之间的关系？

工作任务

任务一　懂农业，学农民，识农村

农业是根据动植物自身生长发育规律，由人工来进行培育从而获得产品的产业。有生命的动植物其实是农业的劳动对象，动植物本身是获得的产品。农业是支撑国民经济建设与发展的基础产业。

一、中国农业文明[28]

中国的农业文明发展有很长一段时间并且发展程度已经达到世界领先；中国起源中心与其他起源中心有许多相似之处，如陶器的起源和农业文明同时兴起和普及；中国的农业文明确实与其他农业文明有很大的不同，它们甚至充分反映在今天中国人明显不同的生活习惯上[11]。

在中国，人们用筷子吃饭；在世界的某些地方，人们习惯用手吃东西。中国人喜欢喝热水；而其他地区的人，尤其是西方人，喜欢喝冷水。中国菜通常是把各种食材混合在一起热加工而成，最典型的就是乱炖、麻辣烫、火锅、腊八粥、八宝粥、胡辣汤等；大多数其他国家更喜欢用单一原料制作食物。

几乎所有的农业文明都与制陶相关，但只有中国的农业文明使陶器达到了精细瓷器的顶峰，并且一直是世界上最畅销的两种奢侈品之一（另一种是丝绸）。垄作是中国农业时代的发明，粮食产出率和收获播种比的技术指标使中国明显超过其他农业文明地区。如今垄耕技术并不复杂，就是采用在一行行堆起的垄上种粮食，到了第二年又把垄翻一下，有山脊的地方就会变成犁沟，前一年有沟渠的地方就会变成山脊。这种农业生产技术有效地避免了土地肥力的下降。

"二十四节气"是古代农业文明的产物，农业与大自然的节奏息息相关，它是古代祖先根据农耕季节，观察天体运动，认识年中

笔记：

（年）时间（季节）、气候、物候等变化规律而形成的知识体系；每个节气都代表着时间、气候和气象学的不同变化。二十四节气表达了人与自然宇宙之间独特的时间观念，蕴含着中华民族悠久的文化内涵和历史积淀。它不仅对农业生产起到指导作用，而且影响着古人的衣食住行，甚至影响着他们的文化观念。

经历史发展，农历吸收了干支历的节气成分来作为历法补充，并通过"置闰法"调整使其符合回归年，形成阴阳合历，"二十四节气"也便成了农历一个重要的部分。在国际气象界中，二十四节气被称为"中国的第五大发明"。2016年11月30日，二十四节气被正式列入联合国教科文组织人类非物质文化遗产代表作名录。

拓展阅读

关于节气

节气歌

春雨惊春清谷天，
夏满芒夏暑相连。
秋处露秋寒霜降，
冬雪雪冬小大寒。

节气歌包含了24个节气：立春、雨水、惊蛰、春分、清明、谷雨、立夏、小满、芒种、夏至、小暑、大暑、立秋、处暑、白露、秋分、寒露、霜降、立冬、小雪、大雪、冬至、小寒、大寒。

二十四节气是我国劳动人民独创的文化遗产，它能反映季节的变化，指导农事活动，影响着千家万户的衣食住行。由于答2000年来内，我国的主要政治活动中心多集中在黄河流域，二十四节气也就是以这一带的气候、物候为依据建立起来的。由于我国幅员辽阔、地形多变，因此二十四节气对于很多地区来讲只是一种参考。

探究与分享

你知道节气与农耕作业的关系吗？

二、农民的品质

多年来，不仅食品安全、土壤污染、农产品滞销等问题受到批评，国内消费结构也在悄然发生转变。更不用说今天中国有数亿中产阶级，他们更加重视农产品的安全和质量；即使是普通消费者，面对市场上种类繁多的蔬菜、瓜果，他们也有批判的眼光。面对国际农产品的低价冲击，农业部门尤其需要用"工匠精神"来重建信心[13]。

"匠人精神"首先是一种传承。谈到农业，是对"人地关系"的深入思考，是对农业生产基本知识的普遍尊重。例如，我们应该尊重自然、保护环境。"工匠精神"也是对传统农业智慧的尊重。我们广大的农村从来不缺乏健康农业生产的理念，珠江三角洲的"桑吉鱼塘"就是一个很好的例子，充分说明了"桑吉鱼塘"循环生产之间的相互关系，它展示了农民因地制宜、善待自然的智慧。

继承并不意味着保守。时代在发展，需求在变化，"工匠精神"显然也需要与时俱进。在农业领域，由于缺乏水资源而采用的滴灌设施，由于科学技术的发展而引进的新品种都属于这一类。唯一不变的是对农业的执着和追求。

真诚、质朴、诚实和乐观的品质是我们社会的核心价值观之一，是我们民族精神的核心。在任何时代，农民的素质都为当代年轻人树立了标杆，告诉他们什么是美的、什么是好的、什么精神符合当今时代和国家发展的需要。在丰饶的岁月里，年轻人也应该理解当今生活来之不易的本质，感受农民对富裕时代的贡献。未来将面临更多挑战，需要坚持不懈、钢铁般的意志和强烈的爱国主义精神来支撑。

三、农村的地理样貌

地形对农村居民点的影响是显而易见的。由于平原地区土地相对集中，大多是一体化的村庄，大型定居点排列有序，大多呈集群状。在东北平原地区，定居规模大，土地面积大，密度稀疏。在地势相对低洼的平原地区，由于洪水的威胁，两岸、海滩和中央洼地上有许多定居点，主要分布在山前丘陵的斜坡平原上。山区居民试图将平坦的土地留给农田，并在不适合耕种的土地上建造房屋，因此，山区居民居住在靠山的地方，建筑物的高度差异很大。其中大部分是山村和山城。

水对乡村聚落的影响是不言而喻的，日常生活需要大量的水，与此同时，农业生产也严重依赖水。定居点通常靠近水源，尤其是方便清洁的生活用水，因此，许多分布在河岸边和湖边，呈现出"小桥流水人家"的景观。在苏州，乡村临河建筑，大体可分为面水而居、临水而居、跨水而居。在沙漠地区，定居点分布在绿洲地区或地下水方便的地区[14]。即使在中国辽阔的半湿润地区聚落分布也受到水的影响。在供水充足、水网密集的地区，定居点相对分散，规模较小。在供水短缺和供水网络稀疏的地区，定居点相对集中且规模较大。江南丘陵山区一般分布在山前或开阔河谷平原，这与居民的生产和生活用水有关。同样,与世隔绝的村庄和修道院也建在有水的裸露地方。在长江三角洲地区,河网密集的村庄通过船只进行交换,许多村庄分布在河流两岸。

> **探究与分享**
>
> 你知道哪些影响地理样貌的因素?

四、农村的民俗民风

(一)起乳名、挂长寿锁

一些农村地区的婴儿出生后还有乳名,挂长寿锁。乳名不仅叫起来亲切,听着入耳,还有着不同的寓意,饱含长辈对孩子的期待。长寿锁大部分意味着长寿,例如,"银锁"等。当孩子满月时,祖母家会给孩子一把银长寿锁、项圈、手镯和脚链,并为孩子佩戴。长寿锁的反面刻有"长寿"二字,正面刻有"寿命"二字,并配一条银项链。手镯和脚链上有银铃铛。

(二)农村舞狮

每逢年节,一些农村的"吉祥狮子"纷纷出门在路上,到处都是欢庆鼓舞的景象。舞狮的形状是基于客家人的奋斗精神。狮头造型:正面顶部有一个"王"字,意为王者风范;狮子额头突出,寓意聪明;背面上部绘有龙凤图案,寓意龙凤呈祥;中心部分画有八仙宝和八仙诗,突出了激励客家孩子树立在各行各业争得冠军的理念。

(三)贴窗花

窗花是一种张贴在门上或者窗户上的剪纸,剪窗花是一种传统技艺,贴窗花是我国古老的汉族传统民间习俗之一。窗花的样式比较自由,形状丰富,除了贴在四角的"角花"和折剪的"团花"外,其他的窗花轮廓形状都没有什么限制。窗花的题材内容非常广泛,以戏曲故事为题材的窗花数量极多。窗花历史悠久,风格独特,深受国内外人士所喜爱。

过去我国农村无论南方北方,春节期间都贴窗花。现在南方只在结婚时才贴窗花,春节时一般不贴了,而北方农村贴窗花的习俗依然盛行。

(四)端午节挂草药

一些农村地区过端午节,人们会采集一些常见的草药回家,比如鱼腥草、石菖蒲,等。因为古人认为,石菖蒲是天中五瑞之首,是一种能够驱除不祥的"宝剑"。而且，由于石菖蒲生长的季节和其外形都被视为感"百阴之气"，且叶片呈剑型，被认为可插在门口避邪。古代方士们称它为"水剑"，后来又被引申为"蒲剑"，可以斩千邪。

此外，在一些农村地区有一种招待客人的传统习俗，晚饭前，让客人喝一碗荷包蛋茶，也就是说，把荷包蛋放在沸水里炖。荷包蛋煮熟后，在锅里加入白糖。这种茶可以清热解毒。

知识链接

农业劳动工具之强国的"铁范"[28]

汉朝一项知名的辉煌成就是技术烦琐的冶铁业，比如那突破性的炒钢技术，"体魄"巨大的冶铁高炉，匠心独具的水排，都领先同时代一大截。汉朝的军工生产也因此打了强心针，长安武库的装备，到西汉中后期时就是清一色的"铁器化"。钢铁包裹的汉军，更是在老对手匈奴面前杀出"一汉当五胡"的震撼场面。

公元1世纪，罗马博物学家普林尼在其名著《自然史》中说："虽然铁的种类很多，但没有一种能和中国来的钢相媲美。"汉朝军队的铁刀铁甲等制式装备，运送到罗马后就身价暴涨，成了罗马人恨不得供起来的神兵利器。比起这类"硬家伙"，一件"小铁器"铁范，却同样撑起了两汉王朝强壮的"肌肉"。

铁范即冶铁时的铁制模具。铁范在汉代算是"高精尖"。中国人早在春秋战国时期就开始用"铁范"铸铁，比欧洲要早至少1800年。有了这好模具，先前费劲费力制造的铁器，就能快速规模生产。但在两汉之前，迫于技术和成本，中国人的铸铁模具，还主要是"陶范"和"铜范"，"铁范"十分稀少。

但在两汉时代，特别是在汉文帝"纵民冶炼"后，中国的冶铁技术大踏步飞跃，"铁范"也后来居上。今天全国各地的汉代冶铁遗址上，不仅有"铁范"出土，还有"白口铸铁""麻口铸铁""可锻铸铁"等各种类型。由于铁范的导热性更强，铸件的冷却速度加快，获得质量过硬的铁器就变得更快、更容易。

应运而生的叠铸技术使"铁范"有了更多"花样"。叠铸就是把许多相同的铸范叠合浇铸，一次生产多件物品。汉朝的出土铁范文物相当多都是"叠铸范"，特别是放在铁农具生产里，多少构造复杂的铁制农具都能以"叠铸"方式快速生产，新型的铁农具就这样成为汉朝农业生产的"主流"。一代代冶铁匠人，在这小小"铁范"上花费的心思，助推了汉朝的农村产业革命。

与之相呼应的，就是汉代高速飙升的农业产量。学者周国林曾保守估算，汉代的小麦亩产，已经达到了60公斤。而1300多年后的欧洲中世纪，英国的小麦最高亩产，也不过42公斤。正是这遥遥领先的农业生产，撑起了汉王朝追亡逐北的辉煌盛世。而小小的"铁范"，更是其中的"幕后英雄"。

任务二　知工业，学工人，通技艺

工业是社会分工发展的产物。它经历了几个发展阶段，包括手工业、机械工业和现代工业。工业是第二产业的重要组成部分，第二产业主要分为轻工业和重工业。

一、中国工业文明[29]

传统上，我们将为国民经济各部门提供燃料、电力、原材料和技术设备的工业部门称为基础工业。中国原煤、钢铁、水泥、棉布产量居世界第一位，发展速度居世界第一位。

1949年以前，中国是一个半殖民地半封建的国家，工业落后。1949年，中国工业总产值只有140亿元，占工农业总产值的30%。中华人民共和国成立后，没收了官僚资本，消灭了帝国主义的经济力量，民族资本主义工业和个体手工业逐步转型，社会主义经济成分在工业中占据主导地位。经过几项五年计划的实施，已经建立了一个独立的、相对完整的工业体系，为实现社会主义现代化奠定了物质技术基础。

中国的高新技术产业被要求位于技术先进、知识密集、人才集中的地区。北京和上海已成为高新技术产业的核心地区。珠江三角洲、上海—南京—杭州和北京—天津—石家庄已开始形成产业带，武汉、重庆、成都、西安和兰州将成为中西部地区的高新技术产业中心。中国有四个主要工业基地和三个工业地带，分别是沪宁杭、京津唐、辽中南、珠江三角洲和东部沿海工业地带、长江沿岸工业地带、陇海—兰新工业地带。

> **探究与分享**
>
> 请谈谈你对"中国制造2025"的理解。

二、工人的品质

工人阶级是自诞生以来最先进、最强大的阶级；在中国共产党的领导下，始终以彻底的革命精神和巨大的创造力，坚定地站在时代的最前沿，为中华民族的独立、解放和复兴而奋斗，为建立、巩固和发展社会主义制度，为改革开放和社会主义现代化建设做出了不可磨灭的重大贡献。人民生活的不断改善、社会财富的不断增加、综合国力的不断提高，都离不开工人阶级的伟大创造。

工人精神，是一种时代精神，这种精神普通而伟大，工人精神里充满了力量。中华人民共和国成立之初，百废待兴，各行各业的工人们以主人翁的姿态，斗志昂扬、无私奉献地为国家的工业振兴而奋斗。其中涌现出许多做出突出贡献的英雄模范人物，他们身上体现着新中国工人的艰苦奋斗、不畏艰难的"工人精神"。

三、传统工艺

（一）茶艺

大约在七八千万年以前就有茶树植物了，然而茶的发现和使用只是四五千年前的事。据考证，有文字记载的茶事已有两千多年的历史。茶艺是一种文化，我国茶文化历史悠久，茶的使用年代久远，一开始是作为食用和药用的植物，可上溯到神农时期，但茶作为饮料的历史相对要晚一些。据称，先秦时期在茶树原产地及周边地区已有饮茶习俗。但关于饮茶的起源，到目前为止是众说纷纭，争议未定。

茶艺在中华优秀文化的基础上，广泛吸收和学习其他艺术形式，并扩展到文学、艺术等领域，形成了具有浓郁民族特色的中国茶文化。2022年11月29日，我国申报的"中国传统制茶技艺及其相关习俗"在联合国教科文组织保护非物质文化遗产政府间委员会第17届常会上通过评审，被列入联合国教科文组织新一批人类非物质文化遗产名录。

茶艺也是一种职业，1999年，国家劳动部正式将"茶艺师"列为《中华人民共和国职业分类法》中的1800个职业之一，并制定了《茶艺师国家职业标准》。2019年12月30日召开了国务院常务会议，会议决定，将技能人员水平评价由政府认定改为实行社会化等级认定，接受市场和社会认可与检验。2020年7月10日，茶艺师、评茶员职业资格退出人社部职业资格目录。这是推动政府职能转变、形成以市场为导向的技能人才培养使用机制的一场革命，有利于破除对技能人才成长和弘扬工匠精神的制约，促进产业升级和高质量发展。

在我国的茶文化中，潮州工夫茶作为中国茶艺的经典流派，体现了中国茶道文化的精髓。2008年，潮州工夫茶艺被选为第二批国家级非物质文化遗产名录中的茶艺代表。继承人包括陈湘白和叶汉中。潮州工夫茶是中国最具代表性的茶艺类型。它是在唐代和宋代存在的"散茶"饮用方法的基础上发展起来的。它属于散条泡茶法的范畴，是固定饮用法中的终极。茶叶性能特点：以安溪铁观音茶、武夷岩茶为佳。物品，如梦辰壶（宜兴紫砂壶）、若辰瓯（茶杯）、玉书磨（水壶）、潮汕炉（电炉或酒精炉）、品茶盘、茶船等，可装3~4杯水。日本的煎茶仪式和我国台湾一带的制茶仪式都起源于潮州工夫茶。

（二）插花

插花也称为插花艺术，是指将花放在瓶子、盘子和花盆等容器中，而不是将它们种植在这些容器中。中国插花是一种古老的传统文化现象，主要是为了满足主观和情感的需要，也是日常生活中一种特殊的娱乐方式。插花起源于古代民间对花卉种植、赏花、采花、献花、挂件和发饰的热爱。

插花是通过花的固定框架，表达一种感受生命的真实与精彩的意境。最早的插花理念和雏形早在2000年前就已经存在。明代以前有很多赏花诗。插花艺术不仅得到广泛普及，还出版了插花专著，如张千德的《花瓶花谱》和袁宏道的《花瓶史》。中国插花艺术发展到明代，已达到鼎盛，在技术、理论方面都相当成熟和完善；在风格上，强调自然抒情，表现淡雅简洁。清代的插花艺术没有得到重视和推广。在近代中国，由于战争等诸多因素，插花艺术在民间基本消失。近年来，随着国民经济的发展和改革开放，人民生活水平逐步提高，插花逐渐回到人们的生活中。

插花在中国有着悠久的历史，已经成为人们日常生活中不可缺少的一部分。在中国人看来，插花是宇宙生命的结合。以"花"为主要材料，在瓶、盘、碗、筐、盆等七大花物中，形成盆景式的花艺，其表现力相当高雅，令人玩味、喜爱，如图6-1所示。

图6-1 艺术插花

（三）剪纸

中国剪纸是一种用剪刀或刀在纸上剪出图案的民间艺术，用于装饰生活或配合其他民间活动。在中国，剪纸有着广泛的群众基础，融入了各民族人民的社会生活。它是各种民间活动的重要组成部分。其连续的视觉形象和形态蕴含着丰富的历史文化信息，它表达了公众的社会认知、道德观念、实践经验、生活理想和审美趣味，具有认知、教育、表达、抒情、娱乐、传播等多重社会价值。

2006年5月20日，剪纸艺术遗产被国务院批准列入第一批国家级非物质文化遗产名录。在2009年9月28日至10月2日举行的联合国教科文组织保护非物质文化遗产政府间委员会第四届会议上，中国申报的中国剪纸项目被列入《人类非物质文化遗产代表作名录》。

2018年12月，教育部办公厅宣布南京航空航天大学为中国剪纸优秀传统文化传承基地。

《史记》中的剪桐封弟记述了西周初期周成王将梧桐叶剪成"圭"赐其弟，封姬虞到唐为侯。战国时期，剪纸与皮刻（湖北江陵王山楚一号墓出土文物之一）和银箔刻（河南辉县古围村战国遗址出土文物之一）一起使用，它们的出现为民间剪纸艺术的形成奠定了一定的基础。"对镜贴花黄"的诗句出于南北朝时期的《木兰辞》。中国最早的剪纸作品是在新疆吐鲁番火焰山附近出土的五幅北朝（386—581年）集花剪纸；这几张剪纸，采用了对折的方式和图像的相互处理手法。

四、通识技能

动物与人类关系密切，人们饲养宠物已成为社会潮流，宠物致伤的发生率非常高；野外动物致伤同样频繁发生，如毒蛇咬伤、蜂蜇伤、蜈蚣咬伤、蚂蚁咬伤、蝎子蜇伤等事件时有发生。为此，我们有必要掌握常见动物咬伤的急救方法。

（一）宠物咬伤

狗和猫的唾液通常都携带狂犬病毒，即使是健康的狗和猫也不能对这种致命的病毒免疫。据卫生防疫部门通报，携带狂犬病毒的动物舔人的手时，即使手没有受伤，也有一定的感染狂犬病的机会。

被宠物抓伤咬伤后，应立即用大量肥皂水反复冲洗伤口，尽量减少病毒的入侵，然后立即去医院治疗。同时，一定要注射狂犬疫苗。狂犬病的死亡率非常高，治疗几乎没有希望。但预防其实很简单，只要定期给家里的猫和狗打疫苗就可以了。

（二）毒蛇咬伤

被毒蛇咬伤后，通常会有牙印、局部疼痛和肿胀，也会出血和淋巴结肿大。全身症状因蛇毒的性质而异。急救的原则是尽早防止毒素的扩散和吸收，尽量减少局部损伤。蛇毒会在3~5分钟内被吸收，所以越早进行急救越好。

常见的毒蛇咬伤急救方式如下。

（1）在被咬肢体附近5~10厘米处用止血带或橡胶带捆绑伤肢，防止静脉血和淋巴液回流，然后用口腔吸（口腔黏膜破裂避免吸）或用手在伤口周围挤压，排出毒液。

（2）冲洗伤口时，先用肥皂水和清水冲洗周围皮肤，再用生理盐水、0.1%高锰酸钾或清水反复冲洗伤口。

（3）局部降温。先将受伤肢体浸泡在4~7℃的冷水中3~4个小时，再改用冰袋，可降低毒素的吸收率、降低毒素中酶的活性。

（4）解毒。咬伤24小时内，以咬牙痕为中心的切口呈"+"或"++"形状，使毒液排出，也可用吸奶器或拔火罐吸毒液。切口不宜太深，以免损伤血管。如有蛇牙残留，应立即拔除。切口或吸吮应及早进行，否则效果不明显。

（5）药物治疗方面，常用的解毒抗毒药有抗蛇毒血清、季德胜蛇药片、南通蛇药等，也可用中药外敷，还可采用激素、利尿剂等辅助疗法。

掌握毒蛇的习性，在野外作业时加强个人防护，尽量不露出腿脚，必要时穿靴子，可避免被其咬伤。

（三）蜂蜇伤

蜂蜇伤是急诊常见疾病代表，主要表现为局部皮肤红肿、刺痛、瘙痒，伤口处有瘀斑、瘀点等症状。蜂蜇伤轻者一般只表现局部红肿疼痛，无全身症状，数小时后红肿可自行消退；重者可迅速出现多器官功能衰竭。此外，毒液在蜂叮咬部位释放的强效溶解酶作用会导致皮肤层明显局部水肿和坏死。相关数据显示，大黄蜂、黄蜂和蜜蜂造成的死亡占动物相关死亡总数的29.7%。近年来，蜂蜇伤呈逐年上升趋势，成为一个日益严重的公共卫生问题。

蜜蜂蜇伤可先用弱碱性溶液如3%氨水、肥皂水等清洗伤口，中和酸毒，再用红花油、油、花露水等外敷局部。黄蜂蜇伤可以用弱酸性溶液（如醋）清洗伤口，中和碱性毒液，用镊子等工具将伤口中的毒刺取出，再使用酒精、碘伏等对伤口消毒。伤口处外敷硫酸镁溶液进行消肿、炉甘石洗剂进行止痒，也可口服一些药物如苯海拉明、西替利嗪、氯雷他定等缓解蜂毒导致的红肿、瘙痒、疼痛等症状。全身症状严重的患者应立即前往医院治疗。

（四）蜈蚣咬伤

蜈蚣咬口是一对小孔，毒液会通过小孔注入皮肤黏膜，局部表现为烧灼感和瘙痒、会出现红斑、水肿、出血性囊泡、水疱、脓疱等症状，全身症状有发热、恶心呕吐、头晕头痛、出汗、焦虑、视力模糊、呼吸困难等，严重者甚至会出现昏迷、急性肾功能衰竭、凝血异常等症状。

蜈蚣咬伤后可用小苏打水、肥皂水或石灰水冲洗伤口，涂抹较浓的碱水或氨水以中和毒液中的酸性物质。就近取蒜，将蒜捣烂成蒜泥后敷在伤口周围红肿部位，蒜泥变干后换用新鲜蒜泥，可消肿止痛，促进伤口愈合，用鱼腥草、蒲公英捣碎外敷同样有效。同时进行抗敏治疗和注射破伤风疫苗。症状严重的要立即到医院救治。

（五）其他

蚂蚁、蝎子等咬伤在日常生活中也很常见。蚂蚁咬伤后用生理盐水、肥皂水、碳酸氢钠溶液或酒精冲洗伤口，再涂抹莫匹罗星软膏；对有全身反应的患者可口服抗组胺药，用糖皮质激素静脉滴注治疗。

蝎子蜇伤后应立即用布带扎缚伤口的近心端，挤出伤口内毒液，也可用负压式拔火罐将毒液从伤口内吸出，接着用肥皂水、高锰酸钾或苯扎溴铵清洗伤口至少15分钟。再拔出蝎子毒钩，将明矾研碎用醋调成糊状，均匀涂抹于伤口。

动物致伤种类繁多，各地分布广。常见动物致伤救治多以对症治疗为主，动物致伤后的早期、及时、有效的治疗可以大大降低发病率和治疗成本。但目前仍然有很多动物致伤没有特异性的拮抗毒素的试剂，需要以预防为主。蛇、蜈蚣咬伤等多发生在农村及野外，需提高自我警觉性，加强自我防护意识。

任务三 传衣钵，学榜样，当匠人

一、铭记新时代劳模追求

（一）爱岗敬业

爱岗敬业是指忠于职守的精神，是职业道德的基础。爱岗就是热爱自己的工作，敬业就是用尊重和认真的态度对待自己的工作。爱与奉献不仅是个人生存与发展的需要，也是社会存在与发展的需要。

无论从事什么职业，要对自己的工作负责，恪守职业道德，这是一种普遍的奉献精神。在我们国家，如果公务员、企事业单位职工、私营企业主、个体经营者都能表现出这种奉献精神，人民就会更加富裕，国家就会更加强大。

只有对自己的工作充满热爱、保持责任心的人才能勤于工作、不断学习、一丝不苟、精益求精。爱岗敬业，不仅能提高工作效率，促进个人的职业发展，而且能以积极的工作状态影响周围的人，增强企业的凝聚力，带动整个行业的水平提高，为社会和国家做出崇高而伟大的贡献。爱岗敬业是一种优秀的品格，焦裕禄、孔繁森、郑培民、袁隆平、钟南山等一大批党和人民的好干部，在各自的岗位上辛勤工作，为人民服务，激励着广大年轻人勇于担当、敢于吃苦、勤于奋斗、甘于奉献，把对祖国血浓于水、与人民同呼吸共命运的情感贯穿于学业、工作全过程。

爱与奉献是平凡的奉献精神，因为它是每个人都能做到的，而且应该拥有；爱与奉献是一种伟大的奉献精神，因为伟大源于平凡，没有平凡的爱与奉献，就没有伟大的奉献。

（二）争创一流

志不求易者成，事不避难者进。面对全球各国百舸争流、竞相发展的形势，我们必须猛然警醒、急起直追，自抬标杆、加压奋进，以争创一流的精神和态度，奋进新时代、展现新作为，在新一轮高质量发展竞争中赢得主动。

习近平总书记在党的二十大报告中指出，坚持科技是第一生产力，人才是第一资源，创新是第一动力，深入实施科教兴国战略、人才强国战略、创新驱动发展战略。新时代新征程，面对艰巨而繁重的任务，必须拿出争创一流的魄力和担当，以积跬步以至千里的攻坚之勇、以蓝图落到地上的务实之态、以快马加鞭未下鞍的求进之心发扬奋斗的优良传统，坚持自信自强、自立自主，全面推进改革稳定发展。

（三）艰苦奋斗

艰苦奋斗精神是中华民族的传统，中华民族历来以勤劳、节俭著称。艰苦奋斗也是我们党的一大优良传统。中国共产党人作为中华民族最优秀的儿女，合乎逻辑地继承了我们民族的优良传统。我们党争取民族解放和独立的斗争史，是一部艰苦奋斗的开拓史。艰苦奋斗精神是中华传统美德，是民族精神的重要内容。

为实现全面建设小康社会的目标，把我国建设成为富强民主文明和谐的社会主义现代化国家，必须始终保持谦虚谨慎、艰苦奋斗的作风。艰苦的奋斗集中于艰苦的创业精神。艰苦创业精神作为一种积极健康的生活态度，是成就事业不可缺少的精神力量和高尚美德。新时代，更加需要倡导和弘扬艰苦创业精神，推进现代化建设。

（四）勇于创新

我国提出创新驱动一词正是希望青年提升创新能力、为民族培育创新土壤，也是我国建设创新型国家、增强综合国力的重要环节。民族品牌的创建、企业文化创新、研发创新、管理模式创新等都离不开创新思维的支撑。只有每一个人做好自己、突破自己、勇于创新，才能让一个民族进步，为国家提供发展的不竭动力。

只有不断地进取，才有不断地创新。想做到每日都有所进取，就要做到以下几点。一是做事情应该积极向上，勇于承担责任，勇于让自己的肩膀扛起担子，多实践才会多感悟，也才会迸发创新的灵感。二是增强信心，时刻充满战斗力。对未来充满信心的人，往往都是能成大事者。在面对每一项未知的挑战时，告诉自己"我一定能行"，为自己加油鼓劲，从而克服每一个小难关，最后达到质的突破。三是勤于思考，及时更新自己的思想观念。敢于否定昨天的自己，在昨天的进步上更上一层楼。多听取别人的建议，同时要有自己的判断力，既不能闭目塞听也不能人云亦云。

（五）淡泊名利

诗人李白说："安能摧眉折腰事权贵，使我不得开心颜"，在李白笔下，所谓的淡泊名利，其实就是勇敢追求自己，不愿为了名利委屈自己的魄力。

在生活中，有多少人为了所谓的成功，不惜一切代价，似乎只有成功的人生，才有存在的价值。然而，淡泊名利的人也追求成功，但他们追求的，是自己内心的成功，是自己想要的生活，而不是别人羡慕的生活。

（六）甘于奉献

新时代需要奉献。时代在变，价值观在多元，文化在多元，当代人随着生活节奏的加快，工作压力的增加，有些人逐渐迷失了方向，开始只注重名与利，只讲需求，不讲奉献。在这样的大环境下，甘于奉献的精神显得尤为宝贵，更值得被推崇，在早日实现"两个一百年"奋斗道路上，我们要大力提倡甘于奉献的精神，使之成为新时代奋斗者的价值追求。

甘于奉献是每个中国人必备的精神品质，也是我们在国旗下许下的庄严誓言。中华人民共和国成立以来，涌现出了无数甘于奉献的英雄和榜样，为中华民族今天的发展和崛起做出了贡献。焦裕禄、孔繁森、杨善洲、黄大年、黄旭华等人的事迹，无一不体现了无私奉献精神。甘于奉献是新时代劳模精神的本色。作为社会的一个特殊群体，劳动模范既是普通劳动者，又是甘于奉献、勇于创新、开风气之先、引时代潮流的社会主义建设者，不同社会历史时期的劳动模范，以自己无私、无畏、奉献的精神品质，在各个工作岗位上发挥了中流砥柱的作用，他们是值得每个人学习的榜样。

> **探究与分享**
>
> 如何传承与弘扬工匠精神？

二、传承新时代工匠精神

（一）坚守执著

执著是从业者基于对职业的敬畏和热爱而产生的一种敬业、尽责的职业精神状态。中华民族历来有"尊重劳动""忠于职守"的传统。坚守本分，是中华民族的传统美德，也是当今社会主义核心价值观的基本要求之一。早在春秋时期，孔子就主张人在一生中始终要"执事敬""事思敬""修己以敬"。"执事敬"，是指行事要严肃认真不怠慢；"事思敬"，是指临事要专心致志不懈怠；"修己以敬"，是指加强自身修养保持恭敬谦逊的态度。

（二）精益求精

精益求精，是从业者对每一件产品、每一道工艺追求极致的专业品质。所谓精益求精，是指已经做得很好了，还要做得更好，"即使做一颗螺丝钉也要做到最好"。正如老子所说，"天下大事，必作于细"。

（三）专业专注

专注是内心坚定、专注细节、耐心、执着的精神，是所有"大国工匠"必备的精神特质。从国内外的实践经验来看，工匠精神意味着一种坚持，即一种持续几十年的坚持和韧性；"专精行业"，一旦选定行业，专心扎根，心无旁骛，在细分产品上积累优势，成为各自领域的"领跑者"。在中国，自古以来就有"艺术大师总有好手"的说法，如《庄子》中娴熟的"庖丁解牛"、《刻舟记》中的王叔远。

（四）追求极致

"工匠精神"还包括追求突破和创新的内涵。古往今来，热衷创新发明的工匠始终是推动世界科技进步的重要动力。中华人民共和国成立初期，我国涌现出一大批优秀的工匠，如倪志福、郝建秀等，他们为社会主义建设事业做出了突出贡献。改革开放以来，"汉字激光照排系统之父"王选、"中国第一、全球第二的充电电池制造商"王传福、从事高铁研制生产的铁路工人和从事特高压、智能电网研究运行的电力工人等都是"工匠精神"的优秀传承者，他们让中国创新重新影响了世界。

（五）一丝不苟

"大国工匠"的气质首先体现在凡事耐心、精益求精的工作态度上；即使他们的工作很普通，但他们对产品和工艺有着极端的追求，这需要极大的耐心。像高凤林、宁允展、潘玉华等，正是他们对工作的耐心、细致、精益求精，使手中的产品绽放辉煌。

工匠一丝不苟地对自己的产品进行精雕细琢，宗旨是打造行业最优质，其他同行无法比拟的卓越产品。工匠精神是追求卓越的精神，是品质至上的精神，是客户至上的服务精神。他们虽不都是出身名牌学校，但都是在默默坚守着自己所热爱的岗位；他们的工作虽然很平凡，但是他们那追求完美和极致的精神令人敬佩。

（六）自律自省

每一位处于不同岗位的技术工人，都用自己的刻苦钻研、艰苦奋斗、不懈努力创造了一个个不可能做到的奇迹，也在诠释着"360行，行行出状元"的智慧。只有热爱自己的工作、脚踏实地、勤勤恳恳、兢兢业业、精益求精的人才能成就伟业，拓展人生价值。

工匠精神，是一种职业精神，兼具道德、能力、品质的职业价值取向和行为表现。"自律、专注和耐心"的工匠精神是一种求好向上、精益求精的精神，是从业者的榜样、行业的正能量。

> **探究与分享**
>
> 工匠精神与时代精神存在什么内在的联系？

三、争做新时代热爱劳动职校

"以劳动之精神，担时代之责任"。自古以来，劳动是中华民族的优良传统，勤劳智慧谱写了中华民族的光辉历史。中国人民为支持国家进步付出了艰苦努力。

当今社会，随着科技的进步、时代的变迁和社会的飞速发展，越来越多的人开始忽视劳动的意义，这是时代造成的我们对美德的遗忘。劳动是人类文明和进步的源泉，是推动社会发展和进步的主要力量。人们通过劳动创造了大量的物质财富和精神财富。劳动本身就是快乐的，只有经历过才会懂得劳动的快乐；劳动不应该成为一种负担，应该是每个职业学生的一种责任[14]。

"人生在勤，不劳何获"，张衡的名言引人深思。在这个科学技术不断发展、生活水平不断提高的时代，我们在享受优质生活条件的同时，对高科技甚至对周围人的依赖越来越大，我们在独立工作方面非常懈怠。年轻人对劳动缺乏热情也可以在我们的日常生活中体现出来。家里的家务都是父母做的，很少有孩子主动帮忙；校园里有清洁组织，很少有学生主动申请……这些无一不暗示着职业学生在劳动教育方面的缺失[16]。

或许有人认为，劳动只是最基础的体力活动，于学习无益，更被科技发展所抛弃。更重要的是，他们想通过付钱的方法来避免自己的劳动义务。劳动确实不能直接提高学习成绩，它的工作效率也可能不如现代科学技术，但真正可贵的是它的精神，是它磨炼出来的精神力量。勤劳的劳动者，意炼神凝，困难也从容。恩格斯曾经说过：劳动是人与动物的根本区别。如果说学习为人的一生铺路，那么劳动就是为人生铸造脊梁。

时至今日，历史的辉煌与教训仍在我们耳边回响；作为青少年，劳动练就的精神看似离我们很远，但它们正在我们心中发挥着作用。新时代的壮丽画卷将在我们这一代人手中徐徐展开。让我们做好日常生活中的小事，继承先辈优良传统，弘扬劳动精神，谱写出属于我们的青春赞歌，开创属于我们的新时代！

探究与分享

洋河，身为市值超过千亿元、利润冲击百亿元的上市酒企，在业内有"茅五洋"的地位，近日却在员工薪酬问题上栽了跟头。消息显示，12月15日，"位于宿迁当地的洋河分公司包装车间几百名员工，由于对薪资计算有分歧、外包工作人员和正式员工同工不同酬等原因罢工……"罢工无小事，虽然洋河方面快速平息了罢工事件，但洋河2002年、2006年两次改制中涉及的职工利益分配的历史遗留问题却再度成为焦点。

请谈谈你对这一事件的看法。

（资料来源：吴亚洲.追求"工匠精神"的洋河，"工匠"们为何要维权？杨国英观察专栏，2018-12-20.）

实践活动1

农垦模拟——体验劳动之乐

纸上得来终觉浅，绝知此事要躬行。耕读修身启智慧，研学旅行在践行。如今对在校学生的培养越来越注重劳动教育，农业活动是农耕社会最重要的劳动，是社会的基石和人类得以繁衍生息的基础。

请查阅相关资料，选择本地区的一个村庄，联系相关人员，组织主题为"农垦模拟——体验劳动之乐"的实践活动，体验劳动的乐趣，知晓劳动的重要性。

1. 过程记录
（1）活动开展计划：_____
（2）活动开展关键点：_____
（3）活动开展难点及解决方案：_____
（4）活动心得体会：_____

2. 结果评价

团队 Leader（由教师或学生担任）可参考表 6-1 进行评价。

表 6-1 "农垦模拟——体验劳动之乐"活动评价表

评价标准	分值	分数小计	教师评价
参与活动全过程	30分		
积极主动，献计献策	20分		
出色完成自己的任务	20分		
促进活动关键节点的推进	10分		
有创新意识	10分		
能合理调配资源	10分		

实践活动2

技艺学堂——感受技能之美

在现代科技时代，"工匠"似乎正在离开我们，一些人甚至对技能教育嗤之以鼻。但是，实现中华民族伟大复兴的中国梦，不仅需要一大批科技专家，更需要成千上万的能工巧匠。更重要的是，作为一种优秀的职业道德文化，"工匠精神"的传承和发展符合时代发展的需要，具有重要的时代价值和广泛的社会意义。

请选择本地的一家企业，开展主题为"技艺学堂——感受技能之美"的实践活动，通过组织学生前往参观，和从业人员进行交流，进行技艺学习和实践，来感悟技能之美，正确认识技能教育的重要性。

1. 过程记录

（1）活动开展计划：_____

（2）活动开展关键点：_____

（3）活动开展难点及解决方案：_____

（4）活动心得体会：_____

2. 结果评价

教师可参考表6-2进行评价。

表6-2 "技艺学堂——感受技能之美"活动评价表

评价标准	分值	分数小计	教师评价
参与活动全过程	30分		
积极主动，献计献策	20分		
出色完成自己的任务	20分		
促进活动关键节点的推进	10分		
有创新意识	10分		
能合理调配资源	10分		

实践活动3

"工匠精神之我见"主题演讲比赛

物质文明和精神文明是推动社会进步的"两个轮子"，是实现中华民族伟大复兴中国梦的"两翼"。事实上，"工匠精神"的发展直接关系到物质文化、权力文明和精神文明的进步。从精神文明的角度看，"工匠精神"在本质上与社会主义核心价值观高度契合，特别是与"敬业""诚信"的要求高度契合；从物质文明的角度看，"工匠精神"在创造物质文明的过程中可以起到强大的精神动力和智力支撑作用。

作为新时代的学生，结合上面的材料，进行主题为"工匠精神之我见"的写作（不少于800字）。

1. 过程记录

（1）结合材料内容：_____

（2）选好角度：_____

（3）自立题意：_____
（4）我的观点：_____

2. 结果评价

教师可参考表 6-3 进行评价。

表 6-3 "工匠精神之我见"主题演讲比赛评价表

评价标准	评价细则	分值	分数小计	教师评价
演讲完整	顺利完成演讲，无大规模忘词现象	20 分		
注重事实	用事实材料阐明观点	15 分		
	引出符合客观实际的结论	15 分		
论理性	有叙有议，叙议结合	15 分		
	逻辑清晰，观点鲜明	15 分		
语言优美、简洁	语言流畅，不拖泥带水	10 分		
	善用比喻，语言优美	10 分		

笔记：

笔记：

项目七
高歌猛进：家庭、社区、志愿者

素质目标

（1）在校园生活中成为劳动技能学习的标兵。
（2）从自己做起，自己动手解决基本的互联网信息技术问题。

知识目标

（1）了解融合家庭服务与护理。
（2）熟悉民政工作、社会工作的内容。

技能目标

（1）掌握基本的互联网信息技术。
（2）掌握基本的劳动工具辨识与使用。

项目简介

劳动技能是财富形成的源泉。学生应当结合所学，发挥专长，施展劳动技能优势，将个人优势融合到家庭服务与护理、民政工作、社会工作、互联网信息技术、园林园艺技术等实际生产活动中[17]。

案例导入

护工之争：天使还是魔鬼

2020年5月2日晚10时06分，被害人儿子张某某对保姆虞某某交代一番后从房间离开；2020年5月2日晚10时11分，保姆起身拿毛巾捂住老人面部，持续一分钟后，保姆转身将房门关上，然后继续用毛巾捂住老人面部，随后直接上床，坐在老人的胸口。其间，老人有多次挣扎，但保姆视若不见。监控显示，2020年5月2日晚10时24分到10时27分，保姆一直坐在老人的胸口上，手中还摇着扇子；2020年5月2日晚10时30分左右，张某某接到电话后下来，经过一番查看未察觉异常，随即在保姆的催促下离开。张某某走后，保姆又多次上床坐在老人的胸口上。直到2020年5月2日晚11时许，多次确认老人无生还可能后，她再次打电话通知张某某。张某某接到保姆电话后前往查看，发现母亲已经毫无生命体征。张某某确认母亲离世后一边将消息通报给家人，一边按照保姆的指导处理后事。得知老太太离世的消息后，小女婿张某东觉得事发蹊跷，随即通过手机查看了岳母房间的监控。发现老人并非自然死亡，当即报警。

目前，虞某某因涉嫌故意杀人罪被公安机关依法刑事拘留，案件正在进一步侦办中。

（资料来源：苏湘洋. 上班第八天杀害83岁老太太，常州67岁保姆被刑拘. 看书有道网易号，2020-05-14.）

想一想：

（1）有哪些原因导致了护工职业的兴起？

（2）旺盛的市场需求和难以到位的市场监管使得护工职业成为灰色职业。你如何看待这一现象？

工作任务

任务一　融合家庭服务与护理

随着我国经济发展和城市居民生活水平的不断提高，家庭服务已成为城市居民生活中必不可少的一种需求。家庭服务业，与人民群众最关心、最直接、最现实的利益问题息息相关，具有鲜明的民生特点，是实实在在的民生工程。

一、医疗护理[30]

随着社会的发展和进步、人民生活水平的提高，对护工的需求越来越大，要求也越来越高。越来越多的打工者走进了护工这个行业；在医院、社区或家庭，很多病人接受了护工提供的服务，护工的服务内容主要是照料病人的起居生活。由于护工服务的对象是人群中的老弱病残——弱势群体，护工貌似简单的照料工作中包含着很多人为和技术的因素。

医疗护理的工作内容包括以下几点。

（1）治疗护理，如退热、输液、输氧、排气、排痰、导尿等采用治疗手段时的护理。

（2）用药护理，如督促病人用药、观察药物不良反应等。

（3）诊察护理，如化验标本的正确采集、做各类检查时的护理等。

> **探究与分享**
>
> 如何解决医护医疗行业尖锐的供需矛盾？请结合亲身经验谈谈你的看法。

二、生活护理

生活护理内容主要是照顾病人的清洁卫生，如洗头、口腔清洁、沐浴、更衣、铺床、修剪指（趾）甲等，以及一些必要的消毒。任何疾病的好转、康复都需要充足的休息和睡眠，因此，必须创造安宁的环境，保证病人有充分的休息与睡眠。

生活护理的工作内容主要有以下两点。

（一）晨间护理

晨间护理要让病人以一个振奋的面貌迎接新的一天，并给病人一天的生活创造一个整洁、舒适的环境。

（1）每天早上要将门窗开启一段时间，更换室内空气，冬季开窗时注意病人保暖。

（2）给病人洗脸、洗手，大小便失禁的病人还要清洗会阴及擦浴。

（3）对病人进行口腔护理，帮其梳头。

（4）给病人翻身，按摩背部及骨突出部。

（5）观察病情变化，如脉搏、体温、呼吸等。

（6）整理床铺，清扫床单，拉平、铺好床单及盖被，必要者更换病人衣服。

（二）晚间护理

晚间护理可使病人清洁、舒适，利于睡眠。

（1）给病人进行口腔护理或协助漱口。

（2）给病人洗脸、洗手、洗脚，女病人冲洗外阴。

（3）给病人翻身、按摩。

（4）整理床铺，盖好被子。

（5）熄灯或调节灯光，避免强光和噪声。

（6）难入睡的病人可给予少量饮食。

三、心理护理

当一个人生病时，尤其是一些严重的疾病，会引起不同程度的心理负担、恐惧和焦虑，从而影响患者的康复。因此，减轻患者的心理负担也是护理的内容之一。心理护理是指护士在护理过程中，通过各种方式和手段（包括运用心理学和技术），积极影响患者的心理活动，从而达到护理目的的一种心理治疗方法。

一般来说，健康人在进入患者角色后，由于疾病的折磨、对医院诊疗环境的不熟悉以及新的人际关系的出现，往往会经历一系列独特的心理活动。心理护理的任务是根据患者心理活动的规律性和反应特点，采取一系列良好的心理护理措施，影响患者的感受，改变患者的心理状态和行为，帮助患者适应新的人际关系和医疗环境，并尽可能为患者创造有利于治疗和康复的心理状态，使其尽快恢复健康。

任务二 融合民政社会工作

民政工作和社会工作是基于"以人为本"的价值观来提供服务的，遵循"以人为本、为民解忧、为民服务"的理念。无论是在民政工作中还是在社会工作中，都关注被服务对象的价值和需求。既为弱势群体和有服务需求的群体提供服务，又将服务作为开展援助活动的手段，都具有帮助人民的功能。

一、社工精神与劳动教育

把社工精神和劳动教育相结合，首要的就是对社工精神有深刻的理解。学习社工精神的意义在于从思想上进行劳动教育。

中国传统文化讲求"爱人""天人合一"，向来以天下为己任。虽然在利己主义和唯利是图的氛围中，社工比较"迂腐"；但是作为追求民众福祉与幸福的一项职业，社工简直就是一项最崇高的事业、一个最值得执着追求的梦想。社会工作秉承爱心、耐心和恒心，发扬尊重、平等和诚信的理念，追求友好、和谐和全面发展的价值观，正视人类精神的旗帜和耀眼光芒。一旦一件事情对更多的人有益，那就远比自己的一点小利更有价值。发展社会工作是弘扬人性、走科学发展之路的具体体现。社工就是这样一项为民众谋福祉的值得我们付出的事业，值得我们不移初志、失志追求。

二、家庭与社区关系

在教育社会学中，普遍的观点是将家庭视为具有"面对面"交流特征的主要群体。这个家庭具有初级群体的所有特征。家庭的主要群体是以亲属关系为基础的，这使得家庭的影响在其有效性方面极其强大。

社区通常拥有基于一定的经济、社会发展水平和历史文化传统的社区文化、生活方式，以及与之相连的社区成员对所属社区在情感上和心理上的认同感和归属感。

首先，家庭教育是社区教育的基础，是因为家庭是学生接受教育最早的地方，父母是他们的第一任老师，家庭在最初几年给学生的影响和教育，可以说是他们以后发展的基础。其次，家庭教育是社区教育的重要补充。因为孩子上学以后还要在家庭中生活，孩子有一半时间在家庭中学习，家庭仍然是学生学习、生活的场所，接受家庭的教育和影响[19]。

家庭教育不能脱离社区而存在，家庭本身就存在于社区之中，社区的文化氛围和环境等都将影响到家庭教育的成果。脱离社会的教育是不完整的教育，不利于健全人格的培养。

同时，社区的发展要以家庭为依托，家庭作为社区中的一个重要组成部分，给社区科技、文化的发展提供了重要支撑。

三、社会调研[31]

社会调研是对社会进行"调查"和"研究"的简称，是指人们为达到一定目的，有意识地通过对社会现象的观察、分析和研究，来了解社会真实情况的一种自觉认识活动。

做好社会调研的步骤如下。

（一）选题

选题是指根据当前国家经济形势和相关的方针政策，以及自己的兴趣和学识，并结合社会调查的要素特征，选定一个值得研究的问题，如小城镇建设、退耕还林等。选题时应当采用查阅文献资料、咨询相关老师等方法。

（二）计划

计划是指紧扣选定的主题，参照相关资料，提出不同层次的问题，并确定系统的调查项目。比如说要研究小城镇建设的问题，就要提出其必要性和所需条件等问题，每个问题又包含了若干小问题。

（三）设计指标

指标就是用一定的数量和单位来描述调查对象，如某地区的人口和人均收入等。要用各种数量指标和质量指标从各方面完整地揭示调查对象的本质特征，保证其纵向和横向的可比性。

（四）拟定提纲

拟定提纲就是用提纲的形式将以上的准备确定下来，对所有提出的问题和项目加以精选，分轻重缓急，使系统完整。

（五）选择适当的调查方式和方法

常用的调查方式有普遍调查（对调查对象的每个部分、每个分子毫无遗漏地逐个调查）、典型调查（选择一个或若干个具有代表性的单位做全面、系统、周密的调查）、个案调查（对社会的某个个人、某个人群或某个事件、某个单位所做的调查）[22]。

（六）培训与准备

请有关专家对调查人员进行必要的培训，包括调查态度和调查技能的培训。此外，还应该注意筹备必要的资金和物质，做好与被调查单位的接洽工作，并争取有关单位的支持，保证调查工作的顺利开展。

探究与分享

你知道如何进行田野调查吗？

任务三 志愿者服务技能

一、志愿者应具备的条件

志愿者应具备以下条件。

（1）热爱公益事业，希望为公益活动做出自己的一份贡献。

（2）严肃工作作风与工作纪律。工作时间不得离开工作岗位，如有特殊情况需离开岗位，应征得负责人的同意并按时返回。认真履行请、销假制度。服从指挥，能听从组织和学校安排。志愿者不得擅自从事与支教无关的活动。

（3）艰苦朴素，谦虚谨慎。不以任何形式增加服务单位和受援地的经济负担；不提出超出服务岗位必需及当地客观条件的物质要求[19]。

（4）不计较个人得失。严于律己，不得以任何理由接受服务对象的钱物；不以志愿者身份从事任何营利性活动和一切有悖于志愿者精神的活动。

（5）按时完成指定的工作任务和项目，保证服务质量；在认真完成本职工作的同时，积极参与其他志愿服务活动。

（6）洁身自爱，树立形象。不酗酒、不赌博、不斗殴，严肃工作和生活作风，维护志愿者形象；尊重当地风俗习惯，与当地群众和睦相处。

（7）工作时间保持通信畅通，遇到问题及时反馈。负责人必须保持 24 小时通信畅通，随时掌握每位志愿者的行踪。

（8）强化安全、责任、保密意识，在工作中做到安全服务。服务期间要服从统一安排，注意人身和财物安全，不得到江河湖塘游泳，夜间不得单独外出。遇到突发事件时应冷静对待、谨慎行事，任何情况下不得与服务对象发生冲突。

二、志愿服务技能与技巧

对技能的要求，是志愿服务走向有效发展之路的必然，只有这样，才能使受助对象得到最有力的帮助，同时，也可以避免对志愿者本人热情的浪费，避免"在其位不谋其事"状况的发生。每个人都有自己的特长，如何使这个特长在志愿服务中得到有效发挥，也是志愿服务作为人力资源再度分配的一个有益补充所要解决的问题。

（一）应具备多种服务技能

随着社会的进步，人们对志愿服务的形式、内容、质量都提出了更高的要求。在一项针对志愿者的调查中，有超过半数的志愿者认为"自身知识水平以及社会实践能力的欠缺"制约了志愿服务的进一步开展，越来越多的志愿者也已经开始注意从事志愿服务所需技能的问题[20]。

深入农村的志愿者必须参加组织培训与学习，了解农村的有关法律、法规、习俗和农业知识；到边远地区支教的志愿者必须学习教学方法、沟通技巧，掌握除专业之外的广泛的知识和技能；走入社区提供社区服务的志愿者，不能将自己的服务定格在具体的形式和具体的内容上，必须创造出丰富多彩的服务以满足社区不同人员的需求；向社会弱势群体伸出援手的志愿者，必须了解并熟悉当地的孤儿院、敬老院的情况，到伤残人士、军烈属、生活有困难的人家中去，必须想其所想，运用自己所掌握的服务技能提供最贴心的服务。

（二）社会工作实务基本技能

1. 自我探索

自我认识、自我评价、接纳他人、自我肯定、自我控制。

2. 会谈技巧

报告式会谈、评估式会谈、治疗式会谈。

3. 建立关系技巧

语言与非语言、专注与倾听、同理心与自我表露。

4. 讨论技巧

有效提问、邀请与鼓励、头脑风暴、领导技巧。

5. 影响技巧

教育、对质、倡导、整合资源。

6. 活动策划

评估需求——确定目的及目标——制定活动方案——评估——撰写计划书。

（三）社会工作的核心技巧

1. 基本语言技巧

准确地领悟和沟通现有的感受，并能感知他人经历的意义和重要性。向当事人表达愿意一起工作的意愿，对当事人感兴趣，表达出对当事人的接纳。保持真诚。流利、直接和彻底地表达特定的感受和经历。

2. 形体语言技巧

除了口语和非口语间的一致性，肢体语言应该传达对他人的关切，如关心、尊重和热忱。但是，在许多时候，又必须传达权力和权威。为了强调不同的重点，肢体语言要有变化。

3. 观察技巧

用眼睛去倾听，是指注意到当事人的身体特征、姿态和其他非口语行为。非口语表达和口语表达一样具有信息性，有时甚至更有价值。

4. 记录技巧

记录志愿活动的过程，或中间发生的问题，或者事件摘要。

实践活动1

社工活动一日行

如果说医生的职责是治疗疾病，那么，社会工作者的职责首先是帮助那些在生活中遇到困难的人。社会工作是面向全体人民提供服务的，可调适人与自然、人与人之间的关系，创造和谐的社会环境，提高人们的生活质量。

请与学校的青年志愿者服务队进行交流，合作开展主题为"社工活动一日行"的实践活动，体验帮助他人的乐趣，成为具有社会责任感的青年人。

1. 过程记录

（1）社工活动开展计划：_____

（2）社工活动开展关键点：_____

（3）社工活动开展难点及解决方案：_____

（4）社工活动心得体会：_____

笔记:

2. 结果评价

教师可参考表 7-1 进行评价。

表 7-1 "社工活动一日行"活动评价表

评价标准	分值	分数小计	教师评价
参与活动全过程	30 分		
积极主动，献计献策	20 分		
出色完成自己的任务	20 分		
促进活动关键节点的推进	10 分		
有创新意识	10 分		
能合理调配资源	10 分		

实践活动2

美丽校园齐共创

我们生活在书香飘逸、书声琅琅的校园里，我们在学校里呼吸清新的空气、嗅着沁人的花香。当你漫步在校园，看见一堆堆垃圾、闻到一阵阵恶臭，你会觉得怎么样呢？

请经过对校园的仔细调研之后，在班级里开展主题为"美丽校园齐共创"的实践活动，用自己的实际行动美化校园，共同创造美丽的学习生活环境。

1. 过程记录

（1）活动要点：＿＿＿＿＿＿＿＿

（2）活动难点及解决方案：＿＿＿＿＿＿＿＿

（3）心得体会：＿＿＿＿＿＿＿＿

2. 结果评价

教师可参考表 7-2 进行评价。

表 7-2 "美丽校园齐共创"活动评价表

评价标准	分值	分数小计	教师评价
参与活动全过程	30 分		
出色完成自己的任务	20 分		
积极主动劳动	20 分		
能从中体会美化校园的乐趣	10 分		
在活动中树立劳动的榜样	10 分		
在活动中带动周围同学共创美丽校园	10 分		

实践活动3

奉献、友爱、互助、进步——志愿服务之行

2017年10月18日，习近平总书记在党的十九大报告中指出，推进诚信建设和志愿服务制度化，强化社会责任意识、规则意识、奉献意识。志愿服务是指在不求回报的情况下，为改善社会、促进社会进步而自愿付出个人的时间及精力所作出的服务工作。奉献精神是高尚的，是志愿服务精神的精髓。志愿者通过参与志愿服务，能提高自身的办事能力，同时也促进了社会的进步。

请在班级里组织主题为"奉献、友爱、互助、进步——志愿服务之行"的志愿者活动，可以选择当地的孤儿院、养老院等作为活动目的地，感受志愿服务对于社会的重要作用。

1. 过程记录

（1）活动开展计划：_____
（2）活动开展关键点：_____
（3）活动开展难点及解决方案：_____
（4）活动心得体会：_____

2. 结果评价

教师参考表7-3进行评价。

表7-3 "奉献、友爱、互助、进步——志愿服务之行"活动评价表

评价标准	分值	分数小计	教师评价
参与活动全过程	30分		
积极主动，献计献策	20分		
出色完成自己的任务	20分		
促进活动关键节点的推进	10分		
有创新意识	10分		
能充分发挥自己的优点	10分		

笔记：

项目八
积极参加社会实践与勤工助学

素质目标

（1）认识假期实习重要性以及如何选择假期实习。
（2）学会辨别兼职陷阱，更好地进行校内外兼职。

知识目标

（1）了解假期实习的政策与要求、知识与技能、实务过程。
（2）了解假期兼职的陷阱、兼职的劳动关系和实务过程。
（3）了解勤工助学的知识要求、技能要求。

技能目标

（1）会利用假期时间选择合适的实习单位，积累社会经验。
（2）会合理利用时间，通过校内外兼职、勤工助学活动培养劳动意识。

项目简介

学生的课余活动丰富多彩，并且越来越多的学生选择去做实习、兼职等。假期到企业实习或者课余时间做兼职都可以使学生在经济、经历、经验等方面有所收获。但在此过程中，某些问题也会随之而来，比如学生不知道如何选择合适的实习单位，兼职时间与上课时间冲突、某些兼职工作缺少法律保障，甚至在兼职过程中被骗等。学生既要躬行研学，积极参加社会实践，也要学会正确保护自己。

案例导入

参加社会实践，值得吗

情景一：美国教育委员会发布的研究报告表明，美国 1600 万本科生中有 78% 的学生在参加兼职等社会实践，他们平均每星期工作 30 小时。统计数字还显示，23% 的全职学生、53% 的兼职学生每周工作 35 小时以上，但学生们并不认为这是一种沉

项目八　积极参加社会实践与勤工助学

重的负担。对学生而言，学习期间的实践活动不但带来了经济利益，更是对专业学习的补充和检验，也是一种职业训练，让他们锻炼了自己的专业能力以及与人沟通的能力，学会了如何合理地利用时间，同时更加深入地了解到社会对于职业的需求，为他们将来的职业选择确定了方向[32]。

情景二：武汉职业技术学院的一年级学生小何在网上看到了一家大型的贸易公司招聘临时销售人员，待遇优厚，地点却在某偏远县城。经过电话联系，对方确认小何符合该公司的兼职条件，并且提供了相当优越的培训条件。小何收拾行李坐上了去该县城的大巴。谁料到约定地点之后，就被关进8人宿舍，小何这才知道自己被骗进了传销组织。对方要求小何与其他人一起去"培训"，小何拒绝，并提出要离开。这时对方露出真面目，不但扣押了他的证件、手机等个人物品，还将他关在宿舍内，由数人轮番"教育""劝导"，小何趁看守他的人午睡之机，找了一张卡片写下求救信息丢到楼下被路过的居民捡到后并报警，小何最终被成功解救。

想一想：

（1）结合情景一谈一谈你认为参加社会实践可以带来哪些好处？

（2）结合情景二谈一谈你认为小何应该如何避免类似的陷阱？

工作任务

任务一　把握实习机会

当我们步入校门时，一段崭新的人生历程便拉开了序幕。学校可以为学生提供广阔的学习平台，学校资源丰富，学生既能够通过必修课程学习专业知识，又可以参加各种社团活动培养自身的兴趣爱好，提升素质修养。但由于学校教育侧重于基础知识和专业知识的传授和逻辑思维训练，学生对就业知识的接触和学习的机会较少，这就导致学生在毕业求职时会呈现出茫然无措的状态。而参加校外实习，学生利用假期参与社会实习便可架起连接校园生活与就业创业之间的桥梁。为此，学生有必要了解假期实习的相关知识，掌握一些假期实习技巧。

8-1 微课

笔记：

159

一、假期实习政策与要求

（一）严格按照人才培养方案规范安排学生实习

2019年，教育部出台了《关于职业院校专业人才培养方案制订与实施工作的指导意见》[①]将职教改革落到人才培养规格与质量上。此次指导意见是新时代对职业院校科学制定和实施专业人才培养方案、提高人才培养质量提出的新的更高要求。传统的教学模式已经不适应职业院校学生对于求知和就业的新需求，指导意见从明确培养目标、规范课程设置、合理安排学时、强化实践环节、严格毕业要求、推动书证融通、加强分类指导7个方面对职业院校专业人才培养方案制定提出了具体要求，将职教改革落到人才培养规格、课程设置和教学内容上。

指导意见发布以后，各职业院校开始按照意见的相关条例和各省教育厅有关文件方针开展教育活动，根据意见，各职业院校不仅要认真制订学校各专业人才培养方案，做好各类专业课程建设，更需要按照既定人才培养方案安排学生实习，禁止随意安排学生实习。学校的人才培养方案向社会公开，并接受社会监督。

（二）严格执行《职业学校学生实习管理规定》

2021年12月31日，教育部等八部门印发了《职业学校学生实习管理规定》，规范了学生实习的管理方案。主要思想可以总结为以下几点。

1. 实习流程规范

学生在实习之前应先与实习单位、就读院校签订三方实习协议，实习协议里应约定工作地点、工作时间、劳动报酬等，严禁在签订三方实习协议之前安排学生实习，签订实习协议的三方应该严格遵守协议内容。

2. 时间安排合理

学校根据学生的课余时间情况安排实习，可安排假期实习或者在校期间的实习，但学生每天的工作时间不能超过8小时。

3. 提供就业指导

学校成立就业指导中心，免费为学生实习、就业等提供帮助，严禁通过中介机构安排和管理学生实习工作。

4. 实习管理规范

学生到企业实习应该约定劳动报酬，严禁任何单位或者个人向学生收取实习押金、劳动报酬提成、管理费或者其他形式的实习费用。

---

① 教育部出台《关于职业院校专业人才培养方案制订与实施工作的指导意见》，http://wap.moe.gov.cn/jyb_xwfb/s5147/201906/t20190619_386415.html。

5. 实习专业对口

学校安排的实习岗位应与学生所学专业对口或相近。对于实习单位的选择，学校应该及时听取学生意见，关注学生的实习体验和效果，高度重视学生反馈的实习企业的相关问题。实习管理教师应该了解学生的专业知识和就业状况，根据学生的需求推荐实习单位，并耐心做好实习学生的思想教育和管理工作，及时帮助学生解决实习过程中遇到到困难。

实习的目的是帮助学生更好地掌握及应用专业知识，有些校企合作的专业，可能需要学生经常到相关岗位进行实习，但需要注意的是，对实习单位的选择应该充分听取学生意见，不能强制性安排。

（三）加强学生实习期间思想政治教育和职业指导

学生实习期间，可以对相关专业知识和技能有更直观的认识，因此学校应当加强对实习管理教师的培训，提高其思想政治素质，使他们在实习管理过程中能够耐心地做好学生的管理工作，引导学生正确的价值导向，培养学生吃苦耐劳、遵纪守法、爱岗敬业的精神品质。

学生实习期间应当加强思想政治教育和就业指导，培养学生社会责任感、服务意识、创新和团队精神，帮助学生树立正确的价值观、择业观、就业观，帮助学生设定适合自身发展的职业目标和职业规划，为学生后续的职业生涯提供帮助。

探究与分享

随着时代的发展，社交媒体、网络等渠道越来越发达，我们可以通过各种方式来查询就业知识，获取行业信息。

你都是怎么寻找假期实习的？你认为比较好用的方法有哪些？

（四）以爱心和责任心保障学生权利与实习安全

对于职业院校来说，教育本位的岗位实习理念意味着实习不是单纯的劳动，不是将学生安排进入企业便置之不理，而要承担应尽之责，对于学生实习过程存在的问题、实习过程产生的纠纷应该做到依法处理，而不是忽视法律规范要求的义务，或者认为实习过程与"教育"再无关系。

职业院校应通过岗前讲座、普法宣传、案例指引等方式宣传普及岗位实习可能存在的风险及权益保护的途径，减少学生对于法律的"疏远感"和对于侵权发生后的"畏惧感"。侵权或违约的公力救济，对于学生来说存在周期较长、效益较低的情况，故职业院校应力所能及地帮学生斡旋，这可以在部分情况下起到一定的作用。同时，职业院校对于自身未尽到合理义务的情形，应积极根据主体责任，权责分明地予以处理。

（五）加强对职业院校实习工作的监督管理

应加强制度执行落实和监督管理，确保职业院校岗位实习学生的权益的有效途径。首先，要履行相关法律法规要求的监督保障职责。教育主管部门和司法机关应当关注这方面存在的问题，并对于该类情形或案件予以充分的重视，同时在对于具体情形或案件处理的过程中，应启动相关的监督检查程序，另外要对职业院校的实习规范、实习单位的实习管理进行调查、检查和监督。其次，要加强工商执法、劳保监察等机制的主动、有效介入。行政主管部门要及时启动相关程序，与多部门联合对具体侵权、违约事件进行调查，公平公正、以"生"为本地做出合理的处理。此外，政府要通过税收减免政策等鼓励企业接纳岗位实习学生，并建立以长期合作为基础的"校企联合培养模式"，促进职业院校与实习单位互相监督、问题自查、互查。

> **拓展阅读**
>
> **学生实习期间怎么维权？**[33]
>
> （1）实习期内实习时间的约定。可约定每日不超过8小时，如确因特殊情况超过8小时的，实习单位应参照加班工资的计算方式向实习生支付报酬。
>
> （2）实习期间实习报酬的约定。约定实习期内实习单位每月向实习生支付合理的实习报酬，拖欠实习报酬的违约责任。
>
> （3）实习过程中实习生发生伤亡的处理。这部分内容非常重要，从实习生权益保护角度出发，可与实习单位约定发生伤亡事故的，由实习单位比照工伤保险待遇的标准支付伤亡待遇，以避免法律依据缺失导致实习生权益受损。
>
> （4）实习生在实习期知识产权归属的约定。
>
> （5）发生纠纷的处理。可约定友好协商及诉讼的处理方式。
>
> 与实习单位签订一份书面实习协议是非常重要的，在协议中要明确实习报酬的标准、实习纪律的约定、实习生过错造成单位经济损失的处理、实习生人身意外保险的约定、学校在实习过程中的职责要求及学校的法律责任，等等。

（六）做好学生权益保障

各级教育行政部门要尽快完善专门立法或细化《实习管理规

定》，确立职业院校、实习单位、岗位 实习学生三方主体的权利和义务关系，明确主体责任；基于三方之间的法律关系，完善保障学生实习权利的专门性机制，降低学生实习过程中权利受侵害后的"隐案率"，提高冲突解决效益，建立学生岗位实习社会化保险机制，以此分散岗位实习风险，保护学生权益。

另外，要保障未成年人的合法权益，不得安排未满16周岁的学生顶岗实习。

（七）抓好实习的组织实施

对各个专业的实习规划，学校应当做好可行性分析，选择专业对口、设施完备、管理规范、符合安全生产等法律法规要求的实习单位共同制订实习计划，实习计划中应明确实习目标、任务、考核标准等。实习指导教师应当要做好实习学生的培训，现场跟踪指导学生实习工作，检查学生实习情况，及时处理实习中出现的问题，做好实习考核。

另外，对于学生的实习安排，应根据单位生产实际和接收能力，错峰灵活安排。

> **探究与分享**
>
> 不同的学校对于实习的安排不同，有的学校会给学生直接安排实习，有的学校则需要学生自主寻找实习。
> 你认为哪种方式更好一些？为什么？

二、假期实习知识与技能[34]

从学生假期实习所需要的知识和技能来看，可以分为以下三种。

（一）基础知识与技能

基础知识与技能就如我们所说的三观，即世界观、人生观、价值观。大家出去实习后，面临的是一个陌生环境，跟企业沟通交流，就要有自己正确的态度。哪些事情可以做，哪些事情不能做，这些都要有基本的价值判断，不要因为没有了学校的监管，没有了老师的监管，就采取了一些不恰当的行为，这会影响企业对实习生的评价。

（二）特殊知识与技能

大家在实习时，每个专业每个行业都有一些特殊的知识与技能要求。这种知识与技能，每个企业一般会在入职时对学生进行一些培训，所以大家应该抓住培训的机会，尽量学会具体的操作知识与技能。包括一些企业需要实习生懂得怎么操作一些销售软件，实习生在学校里面可能有一些软件没有操作过，所以就需要在工作企业的培训中掌握这种知识与技能。

这种知识与技能如果能掌握好，对以后就业的帮助是很大的。所以大家在实习的时候要不断地去探索，看哪些知识与技能跟自己的兴趣爱好和自己的发展潜力能够比较匹配，可以多关注一下。

（三）通用知识与技能

通用知识与技能是指可以通用的技能。这种知识与技能不会因为你离开单位企业后就没用了。可以说，以后另外找其他工作的时候，这些通用知识技能也是可以用到的，比如表达能力，人际交往能力，这些在步入社会之后，各种场合都可以用得上。

所以，大家在实习的时候，可以针对自己目前的知识与技能状态，做一些适当的提升。比如说在基础知识与技能方面比较薄弱的就可以在这方面提升一下。比如平时不是很注意纪律之类的就可以在这方面注意一下，要关注一下企业具体的一些要求。

还有对一些特殊的知识与技能比较陌生的，可以利用一些现有的条件，做一些提升；至于通用知识与技能，如果说有不足的话，鼓励大家多参加一些活动。不管是实习的企业，还是学校举办的一些活动。

各种知识与技能其实是一个人的成长反映，它不是一天就能够形成的，它需要你不断地积累，就像习惯一样，你如果习惯了，某件事做多了，那你的知识与技能自然就提高了。

三、假期实习实务过程

假期实习实务过程比较复杂，不同的学校、不同的岗位假期实习实务过程也不同，实习的实务过程通常用实习报告来进行汇报和反应，那应该如何写实习报告呢？

（一）实习单位的选择

寻找实习单位有很多途径，可以在网上搜索相关资源投递简历，也可以通过身边熟人特别是亲友老师的推荐，也叫内推。由于市面上的实习单位比较多，同学们在选择的过程中可以参考以下几点注意事项。

1. 考虑兴趣爱好

兴趣是最好的老师，同学们在选择实习单位的时候可以思考兴趣点所在，对于自己感兴趣的领域可以多做尝试，并积极寻找兴趣与专业之间的对接点；也可以多与老师、学长学姐沟通，这样才能在通过网络平台、高年级学生、校内外老师等资源获知实习信息的基础上事半功倍，认清适合自己的就业方向，积累自己的专业实习经验，为后续的职业规划打下基础。

2. 专业对口或相关

实习的目的不仅是赚取更多的生活费用，更是为了加深对专业知识的理解和对相关技能的应用能力，检验自己是否能够有效地将所学知识运用至实践当中，从而在将来的求职简历上添上一笔区别于他人的色彩。建议同学们在选择实习单位时冷静分析、理智看待平台和专业的相关度，优先考虑专业是否对口，其次再考虑平台大小，不同的实习机会都能够带来能力的提升和素质的训练，关键是找到最适合自己发展的机会，进而做出选择。

3. 选择正规企业

好的实习单位可以为之后的求职简历增添亮眼的经验，涉及未来的求职，所以一定要选择正规的企业，维护好自己的合法权利。在签订实习协议的时候，要逐条看清协议内容，有不理解或者觉得含糊其辞的地方，一定要当场提出，避免被"坑"。

（二）实习报告的写作

1. 实习报告的格式

（1）内容要求：实习报告内容应包括实习项目，指导教师，实习的目的与要求，实习内容，实习日程，实习报告和总结等方面；具体内容和格式要求每个学校会有所差别，总体格式要求字迹工整，填写认真，填写时括号中的说明内容应删除。

（2）评阅要求：一般来说实习报告应有实习单位负责人评语，教师评语，批阅教师签名，批阅日期，教研室主任意见等，评语要客观、有针对性、书写工整，红笔批阅。

（3）格式要求：实习报告内容均用 A4 纸填写，内容手写打印均可，左侧装订，如果是打印版，格式要求可参考如下内容，一级标题字体黑体，字号四号；二级以下标题和内容字体宋体，字号小四号；单倍行距。也可询问相关老师。

2. 实习报告的资料收集

从实习第一天开始就可以广泛收集资料，并以各种形式记录下来。主要收集以下资料。

（1）党的路线方针政策是如何在工作中贯彻执行的。比如实习的内容、方式和实习效果怎么样，自己的思想和认知是否有所提高。

（2）实习过程中是否注重专业知识的灵活运用，是如何使用专业知识解决实际问题的。

（3）观察周围同事是如何解决问题的。多观察和体验实习生活，再有针对性地将学习到知识进行吸收、转化。

（4）要了解实习单位的工作作风，思考单位的工作作风对将来开展工作，提高效率，发展自己有什么启发，哪些地方可以改善可以写一下自己的建议，要引以为戒的地方可以写出来，锻炼自己的独立思考能力。

（5）记录实习单位的部门职能发挥情况。对不同职能部门的工作作风，履行职能的情况提出自己的看法和认识。

3. 实习报告写作流程

先写大纲，到单位实习之前可先与指导老师联系，相互留下联系方式，向老师获取实习报告表和相关格式要求。实习一段时间后，首先提交实习报告大纲，主要是交代自己要写的报告的主要构架内容，可以将大纲发给指导老师看一下，请其提供建议。大纲确认无误后开始写作，具体交稿时间跟指导老师联系，最好在实习结束前10天将草稿交指导老师批改。老师认为合格后，再誊抄在学院统一印制的实习报告本上。

探究与分享

> 大学生处于学校和社会的中间，需要接触社会实践，本身却不够成熟稳重，因而大多数学生在寻找第一份实习的时候非常困难。
>
> 你怎么找实习难的问题？你认为应该如何解决？

4. 实习报告结构安排

建议采取总分总的形式。

第一部分以实习时间、地点、任务作为引子，把实习的背景、大概流程、实习感受用高度概括的语言写出来作为开篇引出后续的内容。

第二部分写实习过程，包括实习内容、环节、做法，将实习过程的主要内容做一个介绍，描述一下在实习过程中是怎样把学校的理论知识应用于实际工作中的。在学校里没有接触过的东西是以什么样的面目、方式方法出现的，你又是怎解决的。比如，部门职能，原先你不了解，之后从工作中由什么样的问题，引发了你对职能部门的了解；再如人际协调方法，工作中的人际协调和你学的公关理论与实务有什么样的差异，你怎样体会公关理论等。

第三部分写自己的实习体会，经验教训，今后努力的方向等。

经历了一段时间的实习后,有什么实习体会,获得了哪些经验呢?比如,在实践中发现自己的优势,沟通协调能力变强,团队协作意识强;善于根据自己的知识和技能挑战新工作,善于事后总结等。又如,从实践中看到的关于实习单位的某些问题,自己的建议;或者自己的政治触觉不够敏感,专业知识欠扎实,动手能力差等的缺点,打算如何改进等。一份完整的实习报告除了介绍自己做过什么之外,还应该有自己的思考和感悟。

(三)毕业实习报告

毕业实习报告包含以下几个部分。

1. 封面

封面需写明系别、专业、班级、姓名、指导教师、实习报告题目等。

2. 摘要

摘要描述的是实习报告的主要内容,内容精炼、概括性强,以独立小短文的形式作为实习报告部分的第一页。

3. 目录

目录应是实习报告的提纲,包含实习报告组成部分各级标题,一般体现到三级标题即可。

4. 正文

正文是实习报告的核心。写作内容可根据实习目的或研究目的、实习内容和性质的不同而不同。正文一般包括实习目的、实习内容、实习结果、实习总结或心得体会、参考文献。

任务二 做好学生兼职

一、兼职劳动关系

兼职可选择的范围很广,由于时间灵活,很多同学在课余时间会选择做兼职。虽然做兼职的同学很多,但是他们对兼职的劳动关系往往不太了解[35]。

(一)如何区分劳动关系与劳务关系[36]

1. 规范和调整劳动关系与劳务关系在法律依据方面的主要区别

劳动关系由《中华人民共和国劳动法》规范和调整,而且劳动关系一旦建立,就必须签订书面劳动合同。劳务关系由《中华人民共和国民法通则》和《中华人民共和国合同法》进行规范和调整,存在劳务关系的当事人之间是否签订书面劳务合同,由当事人双方协商确定。

2. 劳动关系主体与劳务关系主体的区别

劳动关系中的一方应是符合法定条件的用人单位，另一方只能是自然人，而且必须是符合劳动年龄条件，且具有与履行劳动合同义务相适应的能力的自然人；劳务关系的主体类型较多，签订劳务关系的双方可以是两个用人单位，也可以是两个自然人。法律法规对劳务关系主体的要求，不如对劳动关系主体要求的那么严格。

3. 当劳动关系与劳务关系交叉时的处理

根据劳动部发布的《关于贯彻执行〈中华人民共和国劳动法〉若干问题的意见》指出：派出到合资、参股单位的职工如果与原单位仍保持着劳动关系，应当与原单位签订劳动合同，原单位可就劳动合同的有关内容在与合资、参股单位订立劳务合同时，明确职工的工资、保险、福利、休假等有关待遇。

探究与分享

你认为"劳动者与兼职单位之间存在劳动关系"是如何保护劳动者的？

（二）劳动者与兼职单位之间存在劳动关系

现实生活中，劳动者在与一方建立劳动关系的同时，利用空余时间、下岗或停薪留职期间，又到其他单位上班的现象并不鲜见。在以往的司法实践中，对于劳动者的兼职行为，一些司法审判机关会以劳务关系对待。以至于一些劳动者在从事兼职活动时，无法享受社会保险、节假日、最低工资标准等应有的劳动保障待遇。

但自从2008年《劳动合同法》《劳动争议调解仲裁法》施行以及2018年对《劳动合同法》等七部法律的修改以后，对于劳动者的兼职行为，司法审判机关根据相关规定，基本持肯定态度。只要劳动者与兼职单位建立的用工关系符合劳动法的规定，原用人单位和兼职单位对劳动者的兼职行为没有异议，一般都认定劳动者与兼职单位之间也存在劳动关系，受劳动法的保护，以符合劳动法所倡导的"维护劳动者合法权益"的立法精神。

需要注意的是，有些用人单位试图通过招用兼职人员来逃避劳动用工义务，未签订劳动合同、未缴纳五项保险、未支付加班费等违法用工现象仍比较普遍。因此，劳动者在从事兼职活动时，应当注重保护自己的合法权益，谨慎了解自己与兼职单位之间的各项权利义务。对于双方之间的法律关系以及权利义务，最好能通过书面合同的形式予以确认。

二、兼职实务过程 [35]

兼职实务过程是学生兼职的主体部分，兼职对于学生体验劳动的魅力、培养劳动精神具有重要意义，有利于学生的成长，是躬行研学的重要途径。

（一）选择性参与校内兼职

有的学校内会有一些商铺、工作室等，为学生提供了兼职条件。一般情况下，进驻学校的商铺都是经过学校筛选的，而且不用出校门，比较安全可靠。学生可以合理规划课余时间，有选择性地参加校内兼职。

（二）如何寻找校外兼职

校内兼职岗位有限，大多数学生会选择校外兼职，以下列出了寻找合适的校外兼职的几点建议。

1. 人才市场寻找兼职

人才市场，是指适龄劳工供求的市场，属于人力资源社会保障局管辖，包括农民工市场、劳务市场、劳动市场、劳工市场、职业市场、就业市场、求职市场、招聘市场、人力市场等。人才市场是企业、事业单位进行招工、招聘，劳动者进行求职、投递填写简历的市场。由于互联网的蓬勃兴起，人才市场不再局限于现场报名，而是已经发展成了实际场地人才市场、公众号、网站人才市场，校园招聘人才市场等。需要做兼职的同学可以关注一些本地人才市场的公众号、网站相关信息，它们会不定时发布一些线下招聘信息。

2. 通过网络寻找兼职

最快捷的方法在网络上寻找兼职，比如58同城、BOSS直聘、前程无忧等，但我们要注意安全，谨防被骗。需要注意的是，正规企业不会向求职者收取押金。

3. 通过实体店寻找兼职

现在有很多实体店都有招兼职的，如果真想做，就多去商业圈转一下，很多实体店会在门口或者其他比较显眼的地方贴出招聘广告，可以主动去询问是否招兼职，或者直接拨打招聘海报上面的电话咨询。

4. 通过兼职群寻找兼职

只要有心，可以在微信上或者QQ上找一下兼职群，兼职群里会发布很多兼职信息，可从中找到适合自己的兼职。

5. 通过朋友介绍寻找兼职

平时多结交志同道合的朋友，大家有相同兴趣爱好，当需要找兼职时可以先向朋友打听，有合适的兼职机会可以第一时间获得信息。一般情况下，同学或朋介绍的兼职会比较靠谱，想做兼职的学生可以优先考虑朋友推荐的岗位。

> **探究与分享**
>
> 　　时代飞速发展，转眼间社交媒体已经愈加发达，结合当前环境，谈一下你还有哪些寻找假期兼职的好方法。

（三）学生兼职的注意事项

虽然说不同的兼职在从业的时候有一些不同的注意事项，但是也有一些共性的从业讲究。那么，学生兼职的从业讲究都有哪些？下面我们就围绕这个话题做一下具体阐述。

1. 兼职要调整心态

要调整好自我的心态，不要怕丢脸。特别是在做销售类兼职的时候，需要摆正心态，认可这份工作，要明白自己是在为别人提供服务，要大大方方地以自己周围的同学、辅导员、学姐学长作为主要潜在客户进行推广和宣传，说不定还能够将他们很快地转变为成交客户，取得更高的销售业绩。

2. 兼职要注意总结

工作一段时间之后一定要懂得做阶段性总结。兼职的从业难度虽然相对于实习或者正式步入职场的工作是比较低的，但是也不是完全没有难度，在刚开始接触这个兼职工作的时候，大家肯定都会遇到一些不懂的东西、出现一些小失误，如果能将这些问题搞懂、将失误改正，就可以在今后的工作中积累经验。当然了，随着时间的推移，你的工作成果展现肯定会比过去更好，不是吗？同时，在工作中要注意跟学校内部老师同学都维持良好的互动。

3. 兼职要加强防范

如今，加强灵活就业和新就业形态劳动者的权益保障越发受到重视，做兼职已经成为许多学生的选择。而一些非法兼职机构也正是瞄准了这一市场现状，趁机在人才市场或相关网站上发布虚假信息来设下一个个兼职"陷阱"。因此学生在选择兼职的时候要多方调研、多方询问，不要盲目相信互联网上的信息，多与家长、老师沟通，加强自我防范，谨防被骗。

任务三　参加勤工助学

育人成才的主要途径是教育，作为实施教育重要场所，学校开展勤工助学教育是完善教育事业不可或缺的手段。勤工助学在我国具有较长的历史，是全面贯彻、落实党的教育方针，促进学校教育和社会劳动实践相结合，培养合格、优秀人才的有效途径。在开展勤工助学的实践过程中，主要有四个方面的内容：岗位选择、岗位面试、工作规范和考核评估。

一、勤工助学要求及功能

（一）勤工助学的要求

勤工助学是学生社会实践活动的重要组成部分，是在校学生培养劳动观念、树立自立自强精神，加强自我教育管理的一种重要形式，同时也是资助和解决家庭经济困难学生的一种有效途径，要想参与勤工助学，需要满足一定的素养要求、知识要求和技能要求[20]。

1. 素养要求

素养是个宽泛的概念。从广义上看是指社会人在从事某一具体活动中应具有的素质和修养。从勤工助学要求方面看，素养包括规范、形象、技能、心态、道德五个方面。中职生素养的培养，必须与学校对员工勤工助学素养要求相匹配，因此中职生勤工助学素养定位可以体现在以下两个范畴。

（1）"德"，即行为习惯、心理素质、勤工助学精神和勤工助学道德。

（2）"才"，即语言表达、专业知识、思维能力、专业能力。

崇高的勤工助学理念是勤工助学素养的精髓，高尚的勤工助学精神是勤工助学素养的根本，高超的勤工助学技能是勤工助学素养的基础，优良的勤工助学作风是勤工助学素养的体现。

人才市场是竞争性市场，中职生必须具备良好的基本素质，以增强砝码，加大参与勤工助学的机会。为此同学们必须具备四个意识、五种能力。

> **探究与分享**
>
> 2015 年 12 月，教育部颁布了《普通高等学校图书馆规程》，其中第三十四条明确规定，"图书馆应为学生提供社会实践的条件，设置学生参与图书馆管理与服务的岗位，支持与图书馆有关

的学生社团和志愿者的活动。"

你认为在图书馆设置勤工助学岗位有哪些好处？

（1）四个意识

① 法制意识：当前社会是法制的社会，中国社会主义法治体系日趋完善，法制意识淡薄的人，是寸步难行的。对于偷窃、群殴等违法行为，轻者被学校开除，重者要受到法律的制裁，所以同学们做事要三思而后行，不可讲江湖义气，也不要为一点钱财走向自毁之路。

② 合作意识：世界上的事物不是孤立的，而是相互促进相互联系的。同样，很多工作不是一个人完成的，而是通过团队合作才能够完成的。

③ 创新意识：创新可以驱动发展，创新是一个民族进步的灵魂，也是一个人自我发展的动力。只有不断创新，才能克服困难，赢得发展。

④ 服从意识：勤工助学规章制度及工作中的作业规范要求是确保勤工助学高效无差错运转的有力措施，所以任何同学都不应有自由散漫，我行我素的意识。

（2）五种能力

① 适应能力：当你离开课堂，离开老师，走上勤工助学岗位，面对新环境时，要多一些机会磨炼自己，以增强适应能力。

② 协作能力：团结就是力量，"三人行，必有我师焉"，一个团队每个人都有着各自的优点，只有团结协作，多些尊重，相互配合，才能发挥好每个人的独特才华与优势，才能彰显团队的作用，才能充分利用团队资源在竞争中求得发展。

③ 技术能力：在大浪淘沙的人才市场中，在竞争激烈的就业环境下，只有不断地学习技术，并在实践中获得技能的掌握与提升，不断地增进自己的技术能力，才能在竞争日益激烈的当下更好地实现自我价值。

④ 沟通能力：无论是在家庭、学校还是步入社会以后，人与人之间的沟通交流都是人际关系的重中之重。良好的沟通能力能够轻松化解许多矛盾，要做到真诚地与亲友交流，准确地向领导反映问题，沟通能力很重要。

⑤ 突发事件处理能力：在日常生活中不可预测地会发生一些具有破坏性的突发事件，如职场的工伤事故等，这时候应该以最快速度、最大限度地降低负面效应。良好的突发事件处理能力，需要做到思维敏捷、办事果断，同学们在平时应该多锻炼自己解决问题的能力。

2. 知识要求

学校勤工助学的岗位有很多，其中最常见的就是图书馆图书管理员、网络管理员、爱心超市及营业厅兼职人员等，不同的岗位有不同的知识要求，尤其是图书馆图书管理员和网络管理员，往往需要特殊的知识要求。

探究与分享

勤工助学作为学校资助政策体系中非常重要措施，学生不仅可以利用课余时间通过合法的劳动获取相应的报酬以缓解经济压力，保证学业的顺利完成，还能通过劳动实践提高劳动技能，提升劳动认知，有利于学生的全面成长。

你认为勤工助学对大学生成长影响的具体情况如何？

图书馆是人类智力资源中心。学校的图书馆有着海量的纸质书籍、电子书数据库，是文献信息交流的重要渠道，资源涵盖了自然科学、社会科学、人文科学、应用科学等。图书管理是各学科相互交叉、互相渗透、彼此结合的综合性管理科学，因此，对图书馆管理人员知识素质的要求无论在文化知识的广度方面，还是在专业技术的专深方面都提出了更高的要求。图书管理员的知识要求有以下几点。

（1）专业基础知识

要做好图书管理员这个工作，需要掌握必要的专业基础知识。要了解图书馆的功能、知道图书的构成、各类图书在哪些区域，各学科图书编号和位置，各图书的作用等，要学习图书、期刊等资料的纸质文献和电子文献的分类方法和检索知识，要认真学习并掌握图书学、版本学、文献学、信息检索、分类编目等专业知识和技能。

（2）计算机基本知识

目前的图书馆，海量资料是存在数据库里的，许多信息检索是以网络为依托的，也就是说，图书馆的图书管理工作是以计算机的应用为核心的，同时也会辅以缩影、光盘、声像、通信等新技术，针对读者需求，提供电子资源的检索服务、网上信息资源的导航、信息传递、电子邮件推送、拓展专利的查询、网上咨询等服务，具有高密度存贮、远程传输、快速检索的图书情报处理特点。这就要求图书管理员不仅有丰富的图书馆基础专业知识和技能，还要熟练掌握计算机基本知识，掌握现代计算机的操作技术、信息检索与处理技术、多媒体技术，了解网络通信技术、数据库技术、系统开发和维护技术、信息存储技术等，这也对图书管理员提出了更高的素质要求。

(3) 基础外语知识

图书馆里有海量的资源，不仅有中文文献，还存在着大量优秀的外文资源，为了更好地开展工作，图书管理员还要掌握基本的外语知识，提高服务水平。大多数图书馆都藏有一定数量的外文文献，但相对来说这些外文文献的利用率并不高，主要原因之一就是图书管理员和读者对外文文献种类、内容不太了解。当图书管理员具备了一定的外语知识，才能将外文文献、外文数据库有效地处理并推介给读者，才能在互联网上检索更多有价值的外文资源为读者服务。

（二）勤工助学的功能

勤工助学是学校资助学生工作的重要组成部分，也是学校育人工作的重要载体。勤工助学岗位众多，不仅有利于帮助家庭经济困难的学生缓解经济压力，激发学生学习的主观能动性，顺利完成学业，也有利于提高学生的动手能力，团队合作能力，使学生能够自立自强，提升学生的综合素质，促进学生的德智体美劳全面发展。

二、勤工助学育人功能及实现路径 [37]

单纯的减免类资助，容易让部分学生将自己定位为"弱势群体"。勤工助学作为发展性资助，是学校人才培养的重要环节，是学生深入社会、了解社会、服务社会的重要途径，可以促进学生职业观、道德观和社会责任感的发展，发挥着独特的育人功能。要做到更好地发挥勤工助学的功能，可以从以下几点考虑。

探究与分享

近几年，虽然国家不断加大对中职学生的资助力度，试图通过大规模资助来增强职业教育吸引力、扩大中等职业教育规模，但这一目标的实现似乎并不理想，中职招生难问题依旧严峻。

怎么看待中职招生难问题？

（一）实施统筹管理，维护校园安全稳定

勤工助学是一把双刃剑，可以给学生带来经济收益，帮助其磨炼意志和品格，但如果缺乏有力的引导和管理，也会给学生和学校带来安全威胁。近几年，关于学生上当受骗的报道更是屡见不鲜。勤工助学对于学生群体是不可或缺的需求，学校管理者应当直面问题统筹管理全校的勤工助学活动，顺势而为，在勤工助学和学生之间竖立起一道安全的屏障，集中把好勤工助学的入口关、考核关，授之以渔，疏堵结合，在提高学生总体的法律意识、安全防范意识和辨别能力上狠下功夫。学生通过自己努力改善个人经济条件，在服务社会过程中学以致用，树立了自尊自信和自强自立的品质，对未来也有了更加美好的期待，这些对于促进学生健康成长和维护好校园安全稳定具有重要的参考价值。

（二）创设第二课堂，提升综合素质

高校是学生步入社会前的最后一次大练兵，勤工助学是高校第二课堂的重要内容。研究者通过问卷调查发现，69.84%的受访学生认为勤工助学增强了对未来就业的认识，提升了就业技能和竞争意识。在勤工助学过程中，在接近社会真实工作状态中开展专业教育、职业教育，授之以渔。生活即教育，无论是担任助理、助研，还是参与创新创业，学生都需要走出象牙塔的舒适圈，与校内外不同岗位的人员沟通交流、团体协作，锻炼人际交往能力，提升职业道德和团队合作意识，在克服困难、承受挫折中明白生活的真谛和文化知识的重要性，培养进取精神、创新精神和实践能力。

（三）延续爱心，传承资助文化

勤工助学组织作为学校不可或缺的学生工作部门，应当有自己的特色活动，比如爱心家教活动、社区服务活动、自强之星评比活动、受助学生回馈活动等。通过活动发挥积极的正向引导作用和朋辈教育作用，参与的学生学会自立、自强、自信、奉献、感恩。资助文化立足感恩精神，通过勤工助学、特色活动、感恩教育等，以文化人、以文育人，可形成资助育人和文化育人的协同效应。当一代又一代的"勤工"人投入服务社会的公益事业中，就会如春风化雨般，渗透感恩教育，改变传统"等、靠、要"的资助模式，让学生学会自食其力，让有限的社会资源无限地循环，发挥资助的最大社会效益。

三、岗位选择

勤工助学的岗位有很多，那到底应该如何进行岗位选择呢？

（一）先了解自己再选择岗位

要去哪里之前，要先认清自己[21]。很多学生在学业、各种活动中，无暇去了解自己，也根本不了解自己内心想找一个什么样的勤工助学岗位。更甚之，当初的专业也是家人熟悉或他们从事的，自己也就迷迷糊糊地选择了这个貌似安全的专业。

另外，我们也会看到一种情况，有的学生说"哪里钱多我就去哪里"，没错，薪酬一定是选择勤工助学岗位的重要选项，但它或许也会成为你选择中的一个障碍，特别是针对长期规划。盖洛普报告

显示，40%的美国员工对"有机会在工作中做自己最擅长的事情"强烈赞同。管理者和组织能够实施最有力的战略之一是为员工提供机会，使他们能够充分发挥他们的本性、他们的才能以及他们的技能和知识。所以，越是优秀，越是在自己擅长的领域奔跑，继而，继续奔跑的结果就是使自己更优秀。

北岛说，那梦已长成参天大树，像墨汁深入地图，意义回到原处。后续的成长都是以自己这个圆点作为轴心的，如若不了解自己，轴心的点就会很分散。对于学生而言，用一定的工具了解自己，多几次经历体会不同的工作场景，参加不同的课题组或项目组，就知道自己喜欢和擅长的方向，在勤工助学的时候就能进行正确的岗位选择[22]。

在选择合适的应聘者时，勤工助学的主管会更偏重对方所擅长并能切实发挥出所长的岗位，成绩只是基底，而优势或擅长才是努力的方向。对于认知自己，我们可以从以下几个方面入手。

1. 从岗位倾向度出发

从发展的宏观角度来说，勤工助学最初的时间段称为探索期，有的人在这个阶段会付出很多成本，不满意唯一的出口就是结束自己的岗位工作，殊不知这样会带来后续更多障碍。所以，在象牙塔里的学生们，如果有机会实习还是要去尝试，这个时候你可以尝试与专业一致或不一致的实习工作，让勤工助学的岗位探索期在实习中慢慢缩短。

2. 从岗位能力优势出发

从小学开始我们就会被老师要求写自我评价，但是很多的自我评价就是在应付，有多少人知道自己的优势到底是什么？

每个岗位需要具备的胜任力是有所不同的，需要的优势也略有取舍。例如文科专业的同学可能更加胜任图书馆、办公室等岗位，而理工科的同学则在网管等岗位上有先天优势。

3. 从自我兴趣出发

爱因斯坦说过："兴趣是最好的老师。"一个人如果能够按照自己的兴趣去选择岗位，那么这样的内驱动机就会特别强，当然如果前提是选择的专业是自己兴趣所在，这个找寻成本就不会很高。另外，在大平台下，慢慢探寻与自己兴趣相匹配的职能，挖掘类似职能下自己的潜能优势。做自己兴趣导向的事情，就会投入的更多，而不觉得这么辛苦。反之做自己不爱的事情，就会有种煎熬的感觉。

（二）价值观与岗位匹配，才能共成长

每个人的性格不同，有的人可以在同一岗位上长期工作，把一份职业长情地坚持一辈子，或许他们的价值观就是稳定和坚持，他

们对于职业稳定性的关注，超越了其他职业追求。而有的人对于工作的挑战性要求很高，不喜欢做周而复始的枯燥性工作，一旦开始厌倦了重复性工作，他们就会寻求新的工作环境和工作内容，究其原因，可能是他们对于挑战性和灵活性比较关注，他们的价值观更倾向于灵活和创意。价值观像一条无形的线，牵引着我们的职业方向。之所以每个人对同一事物有着不同的判断，是因为每个人的价值观的差异性造成的。

追求稳定的人，可能更适合普通的勤工助学岗位，例如图书管理员、网络管理员等；喜欢挑战的人，可能就更加适合学校超市或者营业厅等的推销类岗位；热衷于服务奉献的人，可能会参加许多公益活动，可能更加适合参加青年志愿者协会等类似的团队。了解自己的价值观，对于自己职业的选择有着至关重要的作用，根据价值观选择岗位，会摒弃内心不想要的部分，去选择更适合自己的勤工助学岗位。

探究与分享

学生勤工助学活动坚持"立足校园，面向社会"的宗旨，按照学有余力、自愿申请、信息公开、扶困优先、竞争上岗、遵纪守法的原则，由学院在不影响正常教学秩序和学生正常学习的前提下有组织地开展。

你如何看待这样的勤工助学组织原则？对勤工助学活动的开展有哪些好处？

四、岗位面试

勤工助学的岗位面试通常比企业招聘难度要低一点，但是也不能够掉以轻心。

（一）关于简历

在正式开始进入简历制作之前，其实还有一件事需要引起我们的注意。简历内容不是看到你的第一印象，简历名称和邮件名称才是。简历中不需要标题，简历名称是指简历文件的名称。

大部分勤工助学岗位在进行人员招聘的时候，同时招聘的岗位可能不止一个，通常筛选简历的流程都是先按照岗位分类将某个岗位收到的简历一起筛查，也就是在打开你简历之前就需要知道你是应聘什么岗位，不会点开简历去看你的求职意向。

很多人把这个顺序搞反了，文件名随便写，而在简历中用一段空间去写求职意向。一定要记住，并不是打开你的简历之后才看到你，而是要先看你的简历标题、求职意向再决定要不要打开你的简历。很多岗位在发招聘需要的时候也会规定投递方式，邮件格式，甚至有的会提供简历表，学生按照投递要求操作即可。

在今后的求职过程中也是如此，如果招聘方规定了简历名称、投递方式的，一定记住按要求投递；如果没有对文件名称作具体要求的，学生也可以在简历名称上体现姓名、学校、专业、应聘岗位等信息，这样的简历很大概率上会被查看。

（二）关于工作经历

大多数同学在参加勤工助学之前是没有工作经历的，在此部分可以写上初高中的假期兼职经历，每份经历最好用2~5个小段描述具体的工作内容。推荐按不同的工作内容分类来写，尽可能不要交叉和重复。最重要的是，内容一定不要过于概括，描述尽量秉持"具体的工作内容＋量化结果"的原则。

不要忘了相关性原则。工作经历是为了体现你能够熟练地使用未来工作中需要用到的工具，而不是罗列所有细节，无相关性的内容只会让对方看不到重点而错过你。

在学生时代做的事情很少会用多少个百分比去计算，量化结果其实只要列出你做了多少份报告，统计了多少数据，联络了多少客户，主要目的是展现你的工作量和工作能力，就不要乱写百分比的数据，看起来会很假。

通过具体的工作经历，你处理问题的案例来展现你的工作能力，而不是去总结强调你的逻辑思维能力、分析能力、整理能力等。把评价留给面试官，想体现的能力都应该用"动词＋结果"表现出来，用实际做过的事例向招聘方展示你的能力才是最有效的。

下文将具体介绍一些提升工作经历描述水平的方法。

1. 时间倒叙方法

如果有多段工作经历，可以按倒序的方式把最近的工作经历放在最前面介绍，把最远的工作经历放在最后介绍。近期工作经历可以适当详细描述，较远的工作经历可以适当简略描述。

2. 详略得当，突出亮点

亮点可根据目标岗位的岗位要求和工作职责来确定，面试中的个人亮点是指最适合目标岗位的工作经历、个人技能等。在求职时，我们必须清楚自身的优点以及企业方的招聘需求，描述过往工作经历时要着重展示企业最为看重的点，即亮点。好的工作经历描述要做到每一段经历都与岗位相关、能体现个人工作能力，没有一句废话。

3. 运用 STAR 法则来描述经历

STAR 法则是情境（situation）、目标（target）、行动（action）、结果（result）四项的缩写。STAR 法则是一种常常被面试官使用的工具，用来收集面试者与勤工助学岗位相关的具体信息和能力，它可以更精确地预测面试者未来的工作。换句话说，你的过去的表现是你未来能力最好的证明。

简而言之，STAR 法则，就是一种讲述自己故事的方式，或者说，是一个清晰、条理的作文模板。不管是什么，合理熟练运用此法则，可以轻松的对面试官描述事物的逻辑方式，表现出自己分析阐述问题的清晰性、条理性和逻辑性。

STAR 法则的重点在于描述你在这件事当中的行动过程，你在事件中采取哪些措施。实际运用中，运用 STAR 法则主要有如下三个步骤。

（1）将包含实习经历、社团活动、工作项目等在内的每段经历都按照 STAR 法则要求的四点一一列出。

（2）挖掘闪光点。从列好的事件模块中，找出能体现自身能力、优势的闪光点，比如领导能力、沟通能力、适应能力、学习能力等。

（3）写进简历。以上所说都是主要为面试而准备的，但是，写简历阶段时就应用上这些模块。在你的工作单位，担任职务下，列出你所干过的事情，将模块中的 A 和 R 两项以简洁的语言写上。

（三）关于面试着装

面试着装建议是着正装，或者与用人单位尽量保持一致或相似，给面试官一种亲切感，也给对方一种心理暗示：你很看重这份工作。让面试官觉得你想成为他们的一分子，或者你是他们的一分子。

如果这方面有困难的话，也可以按以下建议着装，最终目的都是要展示自己的精神面貌，给用人单位留下一个良好的印象。

1. 男生可以这样穿

（1）男生可以穿西装，以毛料的深蓝色西装为宜，全身颜色最好不要超过三种，可以配一双黑色皮鞋、一双深色袜子和一条领带。

（2）西装要平整、清洁、有裤线；西装口袋不放任何东西；必须拆除西装商标。面试前应理发、修指甲、刮胡子、去鼻毛，务必处理好这些细节。

（3）面试当天记得洗两次脸，稍稍用些护发、护肤品，以淡雅的香气为佳；西装上也可以适当喷些香水，最好是前一天晚上就喷好，保证不要太刺鼻，否则会让面试官感到不舒服。

（4）无论是护发、护肤品，还是香水务必保持气味一致。

2. 女生可以这样穿

（1）女生可以穿正规套装、套裙，也应遵守三色原则。

（2）套裙最好不要高过膝盖三厘米，穿丝袜，配一双系带皮鞋，不宜穿高跟鞋。可以配一个小巧耳环或胸针，切忌有太多的饰物。

（3）整体衣着做到大方、得体。发型文雅、庄重、梳理整齐、长发最好用发夹夹好，头发颜色尽量不要太过鲜艳。

（4）为了体现你对这个岗位的重视，可以化淡妆，为了体现成熟稳重，推荐不留长指甲，最好涂自然色的指甲油。

五、工作规范

工作规范又称岗位规范或任职资格，是指任职者要胜任该项工作必须具备的资格与条件。工作规范说明了一项工作对任职者在教育程度、工作经验、知识、技能、体能和个性特征方面的最低要求。工作规范是工作说明书的重要组成部分，勤工助学也有相应的工作规范。

探究与分享

工作规范又称岗位规范、劳动规范、岗位规则或岗位标准，它是对组织中各类岗位某一专项事物或某类员工劳动行为、素质要求等所做的统一规定。

你认为勤工助学为什么要有工作规范？

（1）维护勤工助学队伍的形象，维护社会公德，遵守国家法律，在任何情况下不做有损学校利益的事情。

（2）工作期间不从事与工作无关活动，不无故外出，确保个人人身及财产安全。

（3）诚实可靠，向学校提供真实有效的证件材料（包括身份证、学生证、户口证明及其他必要的证件）；提供详细的个人联系地址和方式，发生变更及时通知。

（4）按照所涉及项目的要求贯彻始终，保证工作时间，中途不无故退出。期间发生特殊情况，经本人申请并得到相关主管批准，做好交接工作方可退出。

（5）认真完成上级交办的工作，圆满完成所负责的项目任务。

（6）接受相关部门和主管的监督管理，对工作质量负责，接受奖励和处罚。

（7）工作中不弄虚作假、营私舞弊，保证高质量高效率完成工作任务。

（8）对工作计划、进程、技术安排、成本核算、财务状况、学生档案进行保密，未经特别许可不得以任何形式将档案内容透露他人。

（9）爱护公物，杜绝浪费，保管发放使用的财产及用品，在离开时交回相关部门，丢失损坏按价赔偿。

（10）不私用公司财物，不无故缺勤，没有主管的同意不用学校名义与任何机构联系。

（11）与同事和睦相处，发扬团队精神，互帮互助。

六、考核评估

根据有关规定，为督促参与勤工助学的在校学生认真履行勤工助学岗位职责，增强学生的责任意识和劳动意识，以及艰苦耐劳的优秀精神品质，培养学生的实践能力，促进学生综合素质的平衡健康发展，为了进一步加强学生勤工助学岗位的科学化、规范化管理，实行目标责任制，保障学院各勤工助学岗位工作的顺利进行，保证勤工助学管理督查工作有据可依，制定学生勤工助学考核评估办法。

（一）考核宗旨

考核必须坚持公平、公正的原则，考核过程中严禁弄虚作假。

（二）考核目的

旨在全面了解勤工助学人员的工作情况，做到奖罚分明，提高勤工助学工作人员的工作能力和效率。

（三）考核对象

申请勤工助学岗位全体工作学生。

（四）考核机构及职能

（1）学院勤工助学用人部门负责制订本部门勤工俭学岗位的考核方案，对参与本单位勤工助学的学生进行管理、指导和教育，对学生的日常表现进行考核，并确定考核等级。

（2）学校勤工助学管理中心负责审核各用人单位制定的考核办法，制定并不断完善学校学生勤工助学活动的实施办法。检查和评估学院各用人单位的工作，监督学生的勤工助学工作以及岗位履行情况。

（五）考核办法

1. 定量考核

为每种类型的勤工助学职位制定详细的工作量要求，以及勤工助学工作评估表。每天，学院或勤工助学中心将根据学生的工作完成量确定学生得分，得分可分为"优、良、中、差"四个等级，最终得分结果将作为支付工资和决定续聘和解聘的依据。

2. 定性考核

学生勤工助学工作考核制度实行量化积分，考核表总分为100分，分为日常工作行为和工作态度两个方面。其中，勤工助学的日常工作行为分80分，包括是否按时完成规定的勤工助学工作、是否按时上班等；工作态度得分为20分，包括工作主动性。这些方面用加分和减分体现，并记录在日常评估表中。

3. 月度考核

根据学生勤工助学工作岗位的考核方法，对学生进行月度考核，考核结果与学生当月勤工助学工资挂钩。考核的内容、形式由考核单位自行确定，但产生的奖励总金额不能超过考核单位实际聘用员工总数的平均奖励工资之和。学生的月度出勤情况作为支付学生工资的依据之一，每月可进行考勤统计和工资核算。当月考核被评定为优秀的成员，其月工资可上调10%。对考核合格的成员，发给实际应得工资。根据学工部的政策，被评估为不合格的学生是不予支付工资的。

4. 年度考核

根据学生勤工助学所在岗位的考核方法，对学生一年来的工作情况进行考核，向上级组织推荐优秀学生。每年年底，各用人部门按照参加勤工助学项目学生总数的20%的比例，选拔勤工助学优秀学生。经勤工助学管理中心批准，授予荣誉证书。经学院勤工助学中心检查审核，不认真履行工作职责的学生不能被评为当年勤工助学的优秀学生。

5. 奖励优秀者

根据每个月底的评估，将选出1~2名优秀者。考核得分最高者为优秀，在例会上给予表扬，并给予月工资20%的奖励。

6. 适当淘汰不合格者

根据每个月底的考核结果，结合实际情况，对工作态度不积极、工作中出现问题的成员，评定为不合格；对连续两次考核结果不合格的，视具体情况处理，情节严重的，建议其退出勤工助学岗位。

实践活动1

接触社会、了解社会、服务社会——社会实践之行

改革开放以来，我国经济快速发展。经济结构转型时期，市场就业竞争日趋激烈，学生就业压力与日俱增，经济快速发展为学生就业创造了良好条件，同时也带来了就业压力。越来越多的在校学生对兼职的关注度不断提高，希望通过兼职提升个人就业竞争力，从而接触社会、了解社会、服务社会。

作为新时代的一名学生，结合上面材料，进行主题为"接触社会、了解社会、服务社会"的社会实践，并写出一份社会实践报告（不少于800字）。

1. 过程记录

（1）社会实践的难点：＿＿＿＿＿＿＿＿＿＿

（2）社会实践的关键点：＿＿＿＿＿＿＿＿＿

（3）我的社会实践报告思路：＿＿＿＿＿＿＿

（4）我的观点：＿＿＿＿＿＿＿＿＿＿＿＿＿

2. 结果评价

教师可参考表8-1进行评价。

表8-1 社会实践报告评价表

评价标准	评价细则	分值	分数小计	教师评价
报告完整	顺利完成并上交完整的社会实践报告	20分		
注重事实	用事实材料阐明观点	15分		
	引出符合客观实际的结论	15分		
论理性	有叙有议，叙议结合	15分		
	逻辑清晰，观点鲜明	15分		
语言简洁	语言流畅，不拖泥带水	10分		
	善用比喻，可读性强	10分		

● **实践活动2**

"勤者自助，达者自强"主题演讲

勤者自助，达者自强，勤工助学是指学生在学校的组织下，利用课余时间，通过劳动取得合理报酬，用于改善生活和学习条件的实践活动。勤工助学是中高职院校资助工作的重要内容，在缓解家庭经济困难学生压力、提高其综合素质、帮助其树立自立自强精神等方面发挥了重要作用，达到了资助和育人的双重目的。

作为新时代的一名学生，结合上面材料，说一下你对"勤者自助，达者自强"是如何看待的？请写一篇主题演讲表明自己的看法（不少于800字），并在班级内进行展示。

笔记：

1. 过程记录
（1）结合自身或者身边人的经历：_____
（2）选好角度：_____
（3）自立题意：_____
（4）我的观点：_____

2. 结果评价

教师可参考表 8-2 进行评价。

表 8-2　演讲评价表

评价标准	评价细则	分值	分数小计	教师评价
演讲完整	顺利完成演讲，无大规模忘词现象	20分		
注重事实	用事实材料阐明观点	15分		
	引出符合客观实际的结论	15分		
论理性	有叙有议，叙议结合	15分		
	逻辑清晰，观点鲜明	15分		
语言优美、简洁	语言流畅，不拖泥带水	10分		
	善用比喻，语言优美	10分		

参考文献 REFERENCE

[1] 罗敏. 劳动创造美好生活：大学生劳动教育教程 [M]. 北京：中国言实出版社，2020.

[2] 杨英，李莹，谢爱琳. 多学科视角下高校劳动教育的实现路径 [J]. 黑龙江高教研究，2023，41(3)：143-148.

[3] 崔海亮，白梦姣. 中国传统文化中的劳动教育及其当代价值 [J]. 教育与教学研究，2021，35(4)：11.

[4] 吕晓娟，李晓漪. 我国劳动教育课程的发展历程·主要成就和实施方略 [J]. 课程·教材·教法，2021，41(8)：7.

[5] 尹丁鹏. 新中国成立70周年学校劳动教育政策变迁特点对新时代的启示 [J]. 青年与社会，2020(6)：3.

[6] 何云峰. 要在学生中弘扬劳动精神 [J]. 上海教育，2018(33)：1.

[7] 赵志群. 职业教育与培训学习新概念 [M]. 北京：科学出版社，2003.

[8] 宋君阳. 新时代大学生劳动教育的价值与实现路径 [J]. 青年与社会，2020(24)：2.

[9] 游翔，阚瑞芬，陈敏. 继往开来新时代劳动教育再创新 [J]. 教育教学论坛，2020(48)：2.

[10] 乔东. 劳模精神、劳动精神、工匠精神的时代价值 [J]. 工会博览，2020，831(30)：27-29.

[11] 路遥. 平凡的世界 [M]. 北京：北京十月文艺出版社，2009.

[12] 姚瑞. 微探帕累托精英循环理论 [J]. 江西电力职业技术学院学报，2020，33(7)：4.

[13] 周秋娟. 巧法去除衣服上的污渍 [J]. 中学生数理化：高一使用，2010(7)：1.

[14] 朱松文. 服装面料的新发展 [J]. 棉纺织技术，1999，27(8)：4.

[15] 田新霞. 熨烫衣物的技巧 [J]. 家庭科技，2003(2)：1.

[16] 于红梅. 传统夏布及现代制作工艺研究 [D]. 上海：东华大学，2014.

[17] 主妇与生活社. 家庭收纳小百科 [M]. 桂林：广西师范大学出版社，2009.

[18] 织锦纯平. 衣语：我的第一本穿衣搭配书 [M]. 南京：江苏美术出版社，2013.

[19] 金炳镐. 中国饮食文化的发展和特点 [J]. 黑龙江民族丛刊，1999(3)：7.

[20] 林乃燊. 中国的饮食 [M]. 北京：中国国际广播出版社，2011.

[21] 宋玉祥. 中式烹饪风味流派的分析与研究 [J]. 粮食流通技术，2020(21)：56-58，72.

[22] 刘雪源.中式烹饪过程食品安全研究进展[J].食品与机械,2013,29(6):6.

[23] 单国胜.人生六大理财阶段的特点[J].致富天地,2002,10(41):11.

[24] 赵明丽.我国家庭投资理财规划的现状和对策[J].热带农业工程,2010,34(3):4.

[25] 上海市生活垃圾管理条例[J].上海预防医学,2019,31(8):669,673.

[26] 徐小程,徐安住.生活垃圾管理地方立法模式、名称与垃圾分类标准研究[J].四川环境,2021,40(3):209-214.

[27] 卢良恕.21世纪中国农业发展新形势与新战略[J].中国农学通报,2002,18(1).

[28] 江飞涛.中国工业发展政策的演进和启示[J].产业经济评论,2022(2):5-16.

[29] 陈君英,马红丽.医疗护理全面协作深化整体护理[J].中华护理杂志,2000,35(7):3.

[30] 赵勤.社会调查方法[M].北京:电子工业出版社,2009.

[31] 刘珊珊,魏文颖.浅谈国外大学生兼职的现状及特点[J].科教文汇,2010(11).

[32] 李迎春.实习生,你知道如何维权吗[J].职业,2009(7):29-31.

[33] 杪秋.学生兼职的利与弊[J].青春期健康,2021,19(12):2.

[34] 梁艳松.如何区分劳动关系与劳务关系?[J].人力资源,2006(8):66-67.

[35] 黄毅.新时代背景下高校学生勤工助学育人功能[J].佳木斯教育学院学报,2020,36(5):100-101.